AF247993

MARTYROLOGE

DES FONDATIONS

DE L'EGLISE CATHEDRALE

DE BOVLOGNE,

COMPRENANT

1. Les Vſages & Coûtumes de cette Egliſe.

2. Les Fondations de Teroüane.

3. Les Fondations de l'Abbaye de Noſtre-Dame.

4. Les nouvelles Fondations depuis l'érection de cette Abbaye en Cathédrale, tant au Chœur qu'à la Chapelle de Noſtre-Dame, & autres qui ſont marquées en leurs jours dans le Calendrier des Iours & Mois.

A BOVLOGNE.

Chez P. BATTVT Imprimeur de Monſeigneur l'Illuſtriſſime & Reverendiſſime Evêque de Boulogne. 1694.

Avec Permiſſion.

CLAVDE PAR LA GRACE DE DIEV, EVE'QVE de Boulogne, Conseiller du Roy en tous ses Conseils, A tous ceux qui ces presentes Lettres verront, Salut & Benediction en nostre Seigneur. Nous avons leu avec beaucoup de satisfaction le Martyrologe nouveau qui Nous a esté presenté de la part des Venerables Chanoines de nôtre Eglise Cathédrale, par Monsieur SCOTTE' leur Confrere, & Nous y avons veu les peines que ce Chanoine éclairé dans les affaires de sa Compagnie, s'est donné pour tirer de la poussiere & des tenebres tant de monuments honorables de nôtre Eglise, & faire revivre la mémoire de ces grands & saints Evéques & autres illustres Bienfaicteurs, que le desordre des Guerres & la Translation du Siege de Teroüane avoient presque ensevely dans l'oubly ; Nous avons permis & permettons par ces Presentes, l'Impression que l'on en veut faire, qui ne peut estre que d'une tres-grande utilité. Donné à Boulogne dans nôtre Palais Episcopal sous nôtre seing, le sceau de nos Armes & le contreseing de nôtre Secretaire, le vingt-deuxiéme jour de Ianvier mil six cens quatre-vingt-quatorze.

CLAVDE Evéque de Boulogne.

Et plus bas

Par Monseigneur

GIRARD Secretaire.

MARTYROLOGE

Des Fondations de l'Eglise Cathedrale de Boulogne.

LA Benediction qu'il a plû à Dieu de donner de nos jours aux armes de l'Invincible Monarque de la France LOVIS XIV. dit LE GRAND, a fait naître le desir du present Recueil, à l'occasion des Conquétes glorieuses des Villes de Gravelines, Dunquerque, Bergues, Furnes, S. Omer, Ypres & Aire, dans les Châtellenies desquelles sont situez les principaux biens de cette Eglise, lesquels pendant lesdites Guerres estoient perdus & confisquez, cause pourquoy lesdites Fondations avoient esté omises. Messieurs de Chapitre voulant les rétablir & rendre toute la justice possible à la memoire & bienfaits des Fondateurs, après plusieurs remontrances faites par des particuliers pour ledit rétablissement, comme aussi après que les anciens Registres & Martyrologes, tant de ladite Eglise de Teroüane que de ladite Abbaye de Nostre-Dame, ont esté lûs & examinez à cét effet, Mesdits Sieurs dresserent l'Acte suivant.

Du 29. Ianvier 1680.

AVIOURD'HUY Messieurs Maîtres Loüis Chastillon Doyen, Mathias Morlet Penitencier, André Scotté, tous Chanoines députez pour examiner les Fondations de cette Eglise Cathédrale, & designer celles qui sont à la charge, tant des Manses & revenus provenants de Teroüane que de l'ancienne Abbaye de Nostre-Dame de Boulogne,

ayant fait rapport que plusieurs Fondations ne s'acquittoient pas pour avoir esté surcises &
interrompües, tant par les grandes reparations à faite à ladite Eglise, que par le manquement
de jouïssance des biens & revenus pendant les longues Guerres qui ont ruiné ce Pays & ceux
de Flandres & Artois ; Mesdits Sieurs voulant satisfaire aux pieuses intentions des Fondateurs & Bienfacteurs de ladite Eglise, autant qu'il est en eux, & après avoir reçu sur ce
tous les éclaircissemens possibles, tant desdits Députez que des anciens Chanoines, ont jugé
ne pouvoir mieux faire, que, sous le bon plaisir de Monseigneur Nicolas Lavocat Billiad
Evêque de Boulogne, reduire ce grand nombre de Messes, Obits & Fondations, dont la
Fabrique de Teroüane & l'Abbaye de Nostre-Dame, maintenant reduites en une com-
mune, ne faisant qu'une même Eglise, sont chargées, en l'ordre & nombre d'Obits, Messes
& Fondations suivantes, sçavoir.

1. Vn Obit chanté au Chœur chaque seconde semaine des mois, en la maniere &
distribution des Obits ordinaires de la Quotidienne, & l'Obit du jour des Cendres, sans
néanmoins comprendre en ce nombre les deux Obits de Mr Iean de Wissocq Doyen de
Teroüane, qui a donné des Bois de Clenleu à la Fabrique, lesquels seuls deux Obits
resteront pour estre celebrez à leurs jours particuliers, le tout à la charge de la Fabrique.

2. Pour compenser un grand nombre d'autres Obits & Messes basses, dont les
anciens Comptes de ladite Fabrique sont chargez, il sera dit chaque jour une Messe basse, qui
sera dorénavant la premiere semaine du Tour de Messes des Chanoines, & devant la Messe
de S. Martin, dont la Quotidienne est chargée.

3. Que pour satisfaire à diverses Stations fondées par plusieurs particuliers sur ladite
Fabrique, on ira Processionnellement tous les Samedys qui precedent les premiers Dimanches
de chaque mois, & les veilles de toutes les Festes de la Sainte Vierge à la fin des Complies,
dans la Chappelle de Nostre-Dame de Boulogne, y chanter en musique l'Antienne *Salve
Regina*, & à la fin un *De profundis* à voix basse, à la retribution de deux sols pour Messieurs
les Chanoines, un sol pour les Chappelains, & six deniers pour les Habituez.

4. Que chaque Vendredy de Carême après Complies, comme aussi les jours de
l'Invention & Exaltation de Ste Croix immediatement après Complies, on descendra en
Chœur dans la Nef de l'Eglise, pour y chanter aussi en musique l'Antienne *O Crux*, avec un
De profundis comme cy-dessus : & que le Vendredy de la semaine de la Passion, pour & au
lieu de ladite Antienne *O Crux*, s'y chantera en faux bourdon le *Stabat mater*, à pareille
distribution que le *Salve*. Et pour rendre stable à toûjours ce present Reglement, Mesdits
Sieurs ont commis lesdits Sieurs Deputez pour le presenter à Mondit Seigneur de Boulogne,
& le supplier de le vouloir agréer & ratifier, pour ensuite estre mis incessamment à execution,
& sur iceluy estre dressé un Martyrologe exact de toutes les Fondations de cette Eglise Cathédrale.

*LE lendemain ce present Acte fut presenté à Mondit Seigneur, qui le confirmâ, comme
il suit, de sa propre main.*

Vev par Nous le present Acte, avons iceluy loüé & approuvé, consentons qu'il ait
son execution selon sa forme & teneur, à commencer du 1. Fevrier prochain, à con-
dition néanmoins que dans le Martyrologe qui sera fait desdites Fondations, tous les noms
des Bienfaicteurs & Fondateurs qui pourront estre recüeillys des anciens Registres, y seront
denommez, & leurs noms distribuez, le plus egalement que faire se pourra, esdites Fondations d'Obits, Messes basses & Stations, afin que leur memoire soit conservée à la posterité
& la reconnoissance du Chapitre. Et comme Nous avons esté informez qu'il y avoit autre-
fois à Teroüane & dans l'Abbaye quelques Fondations pendant l'Octave du S. Sacrement,
Nous ordonnons qu'il sera, tant ledit jour du S. Sacrement, qu'autres jours suivants jusqu'au
jour de l'Octave inclusivement, distribué au Salut & Remise du S. Sacrement par chacun
jour soixante sols aux Presents, sur le même pied que les distributions énoncées audit present
Acte, à la fin duquel Salut sera chanté esdits jours un *De profundis* en faux bourdon pour
tous les Bienfaicteurs, & sera ledit Martyrologe enregistré aux Registres desdites Deliberations
Capitulaires. Fait à Boulogne en nôtre Palais Episcopal ce 30. Ianvier 1680.

NICOLAS Evêque de Boulogne.

Et

Et immediatement après fuit

Du 1. jour de Fevrier 1680.

L'APPROBATION & confirmation de l'Acte contenu cy-deſſus, faites par Monſeigneur l'Evéque de Boulogne, ont eſté leües aujourd'huy à Meſſieurs extra-ordinairement aſſemblez à cét effet : ils les ont unânimement agreées ſelon leur forme & teneur, & ont ordonné que les choſes y contenuës commenceront d'eſtre executees dès ce méme jourd'huy.

IL eſt à remarquer que la reduction des Obits & Fondations du preſent Martyrologe, & la diſtribution des noms des Fondateurs par Claſſes, comme il ſe verra aux marges ſuivantes, a eſté faite ſur les conſiderations qui ſuivent.

1. POUR ce qui regarde les Fondations de Teroüane, cette Egliſe de Boulogne ne doit au plus eſtre chargée que de la moitié, attendu qu'elle n'a profité que de la moitié de ſes revenus & biens, à l'encontre des Egliſes de S. Omer & Ypres.

2. QUE les Fonds deſdites Fondations de Teroüane, ont eſté perdus par la deſtruction entiere de la Ville, dont preſque toutes les maiſons faiſoient rente à l'Egliſe, & que les autres Fonds aux environs de ladite Ville, ont eſté uſurpez dans les temps des longues & frequentes Guerres, ayant perdu plus de trois mille livres de rentes en grain & argent.

3. QUE leſdites Fondations s'acquittoient à tres-petite diſtribution, comme de deux, quatre où ſix deniers.

4. QUANT à ce qui regarde les Fondations de l'Abbaye, elles ont auſſi beaucoup ſouffert pendant les Guerres en ce Pays, & principalement par la priſe de Boulogne par les Anglois en 1544.

5. QUE leſdites Fondations de l'Abbaye, comme celles de Teroüane, ont eſté reçeües avec des Fonds tres-mediocres & à grande charge, comme il s'en voit de dix livres ſeulement pour une Meſſe par chaque ſemaine & un Obit par an. Cependant pour ſuivre l'ordonnance de ce Martyrologe, & ne pas laiſſer périr la memoire des Fondateurs, les noms de tous, tant de Teroüane que de l'Abbaye, ſeront icy énoncez aux marges des Mois, le tout dans le méme ſtile & en la maniere qu'ils ſe trouvent, tant dans l'ancien Martyrologe de Teroüane, dreſſé en Latin, fait en Chapitre & Aſſemblée generale la veille des Sts Simon & Iude, l'an 1440. que d'un Compte en François des Fondations de l'Abbaye en 1634. afin de conſerver, aûtant que faire ſe peut, la venerable Antiquité.

6. QUOI-QUE leſdites Fondations ſoient diſtinguées par Claſſes dans les Mois, neanmoins les intentions des acquits deſdites Fondations ne doivent pas eſtre aſtreintes aux intentions particulieres, mais de tous les Fondateurs, pour leſquels il y a obligation devant Dieu & par Iuſtice de prier, tant aux Meſſes chantées qu'aux baſſes, qui doivent toutes eſtre celebrées dans cette intention generale des Fondateurs, ſauf celles qui ſont exprimées en particulier dans les Mois ſuivants.

LES USAGES ET COUSTUMES

De cette Egliſe.

LES premiers Reglemens & Statuts pour le Service divin, qui ſe trouvent dans les Regiſtres du Chapitre de l'an 1631. fol. 98. depuis la Tranſlation du Siege Epiſcopal de Teroüane en cette Egliſe, ont eſté dreſſez par Meſſire Victor Bouthillier Evéque de Boulogne & les Deputez du Chapitre le 2. Ianvier 1631.

DEPUIS comme l'experience & les occaſions donnent lieu à de nouveaux uſages de perfectionner les anciens, a eſté ſtatué que

LE jour de l'An, Meſſieurs après la grande Meſſe s'aſſemblent à la Sacriſtie, d'ou ils vont en habit d'Egliſe ſaluer M. l'Evéque, après quoy ils vont prendre leurs manteaux pour aller ſaluer le Gouverneur & le Lieutenant de Roy ſeulement.

LE jour de la Chandeleur second jour de Fevrier , se fait distribution des Cierges blancs à Messieurs & aux Chappelains , Habituez , Serviteurs & Officiers , que l'on porte allumez à la Procession , & par après à l'Evangile & à l'élevation du S. Sacrement.

LE jour des Cendres , l'Office se continuë jusques à None inclusivement , après quoy se celebre l'Obit des Cendres à la charge de la Fabrique , à la fin duquel , *id est* , à neuf heures, se fait la Predication dans le Chœur ; après laquelle Mr le Penitencier fait la Benediction & distribution des Cendres , & tous ceux de Messieurs & des Chappelains qui assistent à la grande Messe qui se dit après , ont un pot de vin pour distribution , & les Habituez & autres Officiers , demy pot , de la Fondation de Iacques de Poissy Chappelain de Teroüane.

LE jour des Rameaux , l'Office se commence à cinq heures & demie , & la Benediction à huit heures & demie après Prime & Tierce , qui est suivie de la distribution , après laquelle on va en Procession à l'Eglise des Peres de l'Oratoire , qui reçoivent le Chapitre en surplis avec Eau Benîte , & le Doyen donne la benediction au Predicateur en l'absence de Mr l'Evéque , ou la premiere Dignité , ou premier Chanoine.

LE Ieudy Saint , la Benediction des saintes Huiles se commence au Chœur à huit-heures, après laquelle on reporte le S. Sacrement au Reposoir.

A deux-heures la Predication au Chœur , ou Mr l'Evéque assiste avec les Dignitez revétües de Chappes , & de là ils vont à la Chappelle de S. Iean , laver les pieds aux Pauvres.

LE Vendredy Saint , la Passion se préche à sept-heures jusqu'à neuf , après quoy se fait le Service divin.

LE Samedy Saint à sept-heures , le Clergé va à la grande Porte de l'Eglise allumer le feu, après quoy se continuë l'Office , & se fait la Benediction des Fons par le Chanoine semainier &c.

LE jour de S. Marc , se fait la Procession generale & Sermon après la grande Messe , pour la reduction de la Ville à l'obeïssance du Roy en 1550. par Henry II. Donateur de la grande Image d'argent , qui se porte à ladite Procession.

EN Carême , quand il y a deux Messes au Chœur , immediatement après Matines & sans intermission l'on chante Prime.

LE Lundy , Mardy & Mercredy des Rogations , on commence Prime à huit-heures, & on va en Procession après l'Office. Le Lundy à S. Martin , d'ou le Curé vient au devant du Chapitre , avec Croix & Banniere , à my-chemin de l'Eglise à la montagne.

LE Mardy à la Chappelle de Ste Madeleine.

LE Mercredy à la Mer par la porte des Capucins , d'ou on revient à S. Nicolas , après que le Clergé s'est venu joindre à la Procession du Chapitre au milieu de la ruë des Pipots : entrant en son Eglise , le Curé s'arreste à la Porte avec son Clergé , pour donner l'Eau Benîte au Chapitre.

IL y a Predication à toutes les Stations , à la charge de Mr le Doyen qui donne par tout la Benediction.

LA veille du S. Sacrement , on expose le S. Sacrement devant Vépres par l'Antienne *Ave verum.*

LE lendemain jour du S. Sacrement , Matines commencent à cinq heures après que l'on a chanté la méme Antienne , ce qui se continuë pendant toute l'Octave.

LE Dimanche de l'Octave , après la grande Messe qui se commence à huit heures & demie, on porte en Procession la Relique du S. Sang à la Chappellette près la Madeleine , en memoire des Reliques tres-precieuses que Godefroy de Boüillon envoyâ de Syrie & de Palestine , à l'Eglise de Nôtre Dame de Boulogne , l'an 1099.

LE jour de l'Octave après la grande Messe , se fait Procession generale du S. Sacrement, ou toutes les Communautez se trouvent.

ET après Vépres le Chapitre en Chappes fait en l'Eglise la méme Procession , & à la fin la remise du S. Sacrement.

PENDANT tous les jours de l'Octave , Messieurs les Chanoines disent la Messe & font leurs Stations devant le S. Sacrement , & après eux , Messieurs les Chappelains & Habituez leurs Stations seulement , à leur tour.

LES premiers Dimanches des mois , la Messe de Nostre-Dame à la Chappelle avec *Gloria & Credo* , excepté les Dimanches de premiere Classe , ceux d'Advent , Carême & Festes chommées , que l'on dit la Messe du Iour.

LES premiers Ieudys des mois , l'on dit au Chœur la Messe du S. Sacrement avec *Gloria & Credo* , excepté les Festes chommées , où l'on dit la Messe du Iour avec memoire du S. Sacrement.

ORDRE

Des Fondations, tant de la Cathédrale de Teroüane, que de l'Abbaye de Noftre-Dame de Boulogne.

TOVS LES MOIS.

LE premier Ieudy après Matines, dans le Chœur la Meffe du S. Sacrement fondée par Iean de Goüy Abbé de Noftre-Dame de Boulogne, dit communement Le bon Abbé, mort en 1542.

LA veille des premiers Dimanches & des Feftes chommées de la Ste Vierge, le *Salve* en mufique à la Chappelle de Noftre-Dame, avec un *De profundis* à voix baffe pour les Bienfaiéteurs de la Fabrique, immediatement après Complies.

Iacques de Boulogne Evéque de Teroüane, fondâ le *Salve* tous les Samedýs.
Mathieu Aubron Chanoine fondâ le Son de la Cloche de la Trinité en 1469.
Thomas de le Wefpiere, les premiers & feconds Dimanches de chaque Mois.
Clement Carre Chanoine, les autres Dimanches.
Simon Picart, les Feftes de la Ste Vierge, S. Pierre S. Paul, S. Laurens & S. Iacques.
Iean de Rondt Chanoine, cinq Cierges pour y allumer.

LA feconde Semaine de chaque Mois, un Obit au Chœur pour les Bienfaiéteurs de la Fabrique tant de Teroüane que de l'Abbaye.

Davidis de Burgundiâ, pofteà Trajeétenfis,
Guillelmi de Cluniaco Epifcopi Piétavienfis,
Henrici de Lotharingiâ Epifcopi Morin.
Ioannis Vaffotis Epifcopi Gebeldenfis,
Inguerani de Crequy Epifcopi Morin.
Petri Galgari Can.
Matthæi de Remes Can.
Ioannis Monart Can.
Iacobi Redijs **Can.**
Ioannis Ducis Betfordiæ, qui dedit Ecclefiæ Morin. quinque Campanas groffas.
Ioannis de Apibus Can.
Guillelmi Poüillon Capellan.
Gerardi de Bofco Can.
Furfæi de Brule,
Guillelmi Fagart,
Ioannis Davin Can.
Philippi de Longueval Scutiferi,
Ioannis Monachi Cardinalis,
Petri d'Orgemont Epifcopi Morin. pofteà Parifienfis,

Mariæ de Wiffocq Dominæ de le Hollande,
Raymundi Sacqueti Epifcopi Morinenf. pofteà Archiepifcopi Lugdunenfis,
Domini Francifci de Chauméil de Caillac Gubernatoris Bolon.
Bartholomæi de Clugny,
Ioannis Tuedieu,
Papæ Clementis VII. Epifcopi Morin.
Balduini Stace Can.
Ioannis Roul,
Michaëlis de Motha Can.
Iacobi Martini Can.
Mathildis Comitiffæ Attrebatenfis,
Ioannis Goffet Decan.
Nobiliff. viri Adriani Danel Balivi Morin.
Ioannis de Harduin,
Nobiliffimi viri Iacobi de Luxembourg Domini de Fiennes, qui Ecclefiam, Miniftros & omnia vafa facra & ornamenta à direptione Anglorum, in obfidione & expugnatione Vrbis Morin. liberavit anno 1510.

LES premiers Dimanches de chaque mois & les Feftes de la Ste Vierge, une Meffe chantée dans la Chappelle de Noftre-Dame à dix heures, fondée en partie par Damoifelle Ieanne d'Ifque.
LES feconds Dimanches, une Meffe baffe à la Chappelle du S. Nom de Iefus, pour Mr Me Charles Scotté Chan. avec fon de la groffe Cloche.

8

LA troisiéme Semaine des mois , un Obit à une des Chappelles , où les Chappelains sont revêtûs.

Simonis Lucqueti Fundatoris Burſæ Lucqueti.
Franciſci de Melun Epiſc. Morin.
Dionyſij Griettey Archiepiſc.
Nicol. d'Auby Chanoine,
Matth. de Remes Capell.
Ioan. de Harduin ,
Valerij Alart ,
Ioan. de Crullis ,
Petri Stalin ,
Ioan. Broüart ,

Roberti Wiquart Capell.
Nicol. du Hamel Capell,
Stephan. Craiel,
Ioan. Michaëlis Can.
Caroli Broüart ,
Petri de Herſeval Capell.
Ioan. de Aurelianis Decan.
Petri Griſel Pœnitentiar.
Antoine le Barbier.

TOVS LES IOVRS.

QUATRE Meſſes baſſes pour les nommez cy-après , dans l'ordre des Tours de Meſſes de Meſſieurs les Chanoines.

VNE grande Meſſe au Chœur, & aux Feries de Caréme , Vigiles & Quatre Temps, une ſeconde , lorſqu'il ſe rencontre des Feſtes dont on fait l'Office.

AUx jours d'Octave de la Ste Vierge, une grande Meſſe à la Chappelle immediatement après Matines , pour le Roy Loüis XI. Chanoines revêtus.

DANS l'Octave des mémes Feſtes , une grande Meſſe à la Chappelle de Noſtre-Dame après Matines , quatre ſols deux deniers aux Pauvres, Chappelains revêtus.

Ieanne de Sempy Dame de Hourecq,
Walleran de Tilly Abbé de Noſtre-Dame
   de Boulogne en 1499.
Iean Leeſt Majeur de Boulogne,

Robert Machacle Prieur de Noſtre-Dame ,
Iacques le Page ,
Guillelm. Idyer Capell. Morin.

LES Feſtes de l'Invention & Exaltation de la Ste Croix , & les Vendredys de Caréme après Complies , Station devant la Croix , pour y chanter l'Antienne *O Crux* en muſique, avec un *De profundis* à voix baſſe ;   pour

Iean de Wiſſocq Doyen de Teroüane ,   Nicolas d'Auby Chanoine.

LE Vendredy de la ſemaine de la Paſſion , au lieu de *O Crux*, le *Stabat mater*.

   Iean Domin Chanoine en 1572.

PENDANT l'Octave du S. Sacrement , le Salut au Chœur, à la fin duquel ſe chante le *De profundis* pour les Bienfaicteurs de la Fabrique.

Iean de Buſco Chanoine de Teroüane, fondâ le *Tantum ergo* aux grandes Meſſes.

Henry de Lorraine Evéque de Teroüane,
   fondâ *O Salutaris Hoſtia*.

TOUS les Vendredys de Caréme , & les jours de l'Invention & Exaltation de la Ste Croix, & des Sts Caſimir & Alexis, Meſſe baſſe après Matines, pour Mr Me Mathias Morlet Chanoine Penitencier.

LA Ferie 2. après l'Aſcenſion , Obit ſolennel ſans Vigiles , pour Mr Simon Lucquet Fondateur de la Bourſe du Lucquet.

LA Feſte de la Ste Trinité , Meſſe ſolennelle au Chœur après Matines avec diſtribution, par Damoiſelle Ieanne d'Iſque. Fabrique.

OR

ORDRE

Des Tours de Messes, dans lesquels les Fondations des grandes Messes, Obits & Messes basses, tant de Teroüane que de l'Abbaye, sont acquittées.

LE Chanoine entrant en Tour de Messes, doit celebrer tous les jours,

LA PREMIERE SEMAINE,

Vne Messe basse pour les Bienfaiéteurs de la Fabrique de Teroüane & de l'Abbaye,

	Iean de Wistocq Doyen,
Dimanche	Philippes de Lobel Chanoine & Chantre,
	Iean Raoul Chanoine,
Lundy	Iean Marando Chanoine,
	Gaultier Mareschal Chanoine,
Mardy	Mathieu Aubron Chanoine,
	Philippes de Longueval Capitaine,
Mercredy	Quentin Boru,
	La Messe des cinq Playes,
Ieudy	La Messe du Calice d'or,
	Le Seigneur de Dompierre,
Vendredy	La Messe de Ste Barbe,
	La Messe de Huplandre,
Samedy	Pour l'illuftre Famille des Seigneurs DAUMONT, Gouverneurs de Boulogne & Pays Boulenois, Donateurs du Iubé de marbre, de plufieurs Decorations & Ornements de cette Eglife.

LA SECONDE SEMAINE.

Tous les jours une Messe basse de S. Martin pour le Roy Loüis XI.

LA TROISIE'ME SEMAINE.

LA Messe basse, dite la Messe du Iour, à la Chappelle de Noftre-Dame pour le même Roy Loüis XI. & revêture de Soûdiacre au grand Autel à la grande Messe ordinaire.

LA QVATRIE'ME SEMAINE.

Tous les jours une Messe basse de Pitances pour les Bienfaiéteurs de la Quotidienne, tant de Teroüane que de l'Abbaye.

	Nicolas de Lespault Chanoine de Boulogne,
Dimanche	David de Bourgogne Evéque de Teroüane,
	Baudoüin Evéque de Teroüane,
	Iacques Blondel Gouverneur de Boulogne,
Lundy	Iean de Rebingues dernier Abbé de Noftre-Dame,
	Mathieu Grimbert & fon Epoufe,
	Madame de Crefecque d'Ardenthun,
Mardy	Guy Guillebaut,
	Robert Flohart,

Nicolas de Marle Avocat du Roy,

Mercredy

Iean Fontaine Marchand,

Mr de Rosseguin de Bedoüatre,

Iean du Poul Abbé en 1468.

Guillaume de Meussen,

Ieudy

Robert Boulenger,

Iean de Liques Tréforier du Boulenois,

Walerand le Mire Abbé en 1369.

Iacques Lescot Abbé en 1433.

Vendredy

Iacques des Marquets Abbè en 1402.

Margueritte de Wisques,

Benoit Evrüin & sa Femme,

Guillaume Idyer Chanoine de Teroüane,

Samedy

Quentin Bochaux Chanoine de Teroüane,

Nicolas d'Auby Chanoine de Teroüane.

LA CINQVIE'ME SEMAINE.

CHANTER tous les jours la grande Messe au Chœur pour les Fondateurs tant de Teroüane que de l'Abbaye.

LA SIXIEME SEMAINE.

LES Messes dites extra-ordinaires, sçavoir, le Lundy une grande Messe à la Chapelle après Matines, pour le Roy Iean Premier & ses quatre Fils en 1360.

DANS la premiere Semaine des Mois, le Ieudy la Messe du S. Sacrement.

DANS la seconde Semaine, l'Obit pour les Bienfaicteurs de la Fabrique cy-devant nommés.

LA troisiéme Semaine, pour les Bienfaicteurs du Luquet comme cy-devant.

CHAQUE Semaine à son Obit pour les Bienfaicteurs de la Quotidienne, exprimez dans le Calendrier des Mois qui suivent.

PLUS il y a les autres grandes Messes extra-ordinaires & d'accident, qui remontent à Messieurs qui sont sortis des Tours de Messes, s'il y en a plusieurs en un jour.

IANVIER

Obits pour les Bienfaicteurs de la Quotidienne.

I. OBIT.

Radulphi de Cala Episcopi Morinensis,
Simonis Picard Canonici,
Roberti de Massemi,
Hugonis de Crequy Militis,
Patris & Matris Felicis Capellani,
Maurici Folye Canonici,
Drogonis de Cala Archidiaconi,
Radulphi Aurelianensis Subdiaconi.

II. OBIT.

Iean de Goüy Abbé de Noftre-Dame
   de Boulogne,
Stephani Idyer Canonici,
Willelmi Sigilliferi Sacerdotis,
Nicolai Clabaut Decani,
Petri Barrey Canonici,
Antonij Godefridy Decani,
Petri de Sanctâ Susannâ Præpositi Sancti
   Audomari,
Ioannis Parmentier Canonici.

III. OBIT.

Caroli Regis Siciliæ,
Ioannis Grisel Canonici,
Ægidij Postel Canonici,
Huberti de Salinis,
Stephani Præpositi Canonici,
Roberti le Moiste Præpositi Yprensis,
Galteri de Senonis Subdiaconi,
Hugonis de Doy militis, & filiorum
   ejus.

1

2   Obit pour Mr Me Loüis Macquet Chanoine Archid. sans Vigiles. *Fabr.*

3

4

5

6

7

8

9

10

11

12

13

14   Obit solennel sans Vigiles, pour Mahault Comtesse de Boulogne.

15   Vn petit Obit à l'Autel du Nom de IESUS, pour Mr Me Hubert Fontaine Chanoine. *Fabrique.*

16

17   Messe solennelle de S. Antoine avec musique & distribution aux Presents, pour Mr Me Antoine le Roy Chanoine Archidiacre & sa Famille, *Bourse de la Chappelle de N. Dame.*

    Item Messe basse pour Mr Me Antoine de Loüen Chanoine Chantre, *idem la Chappelle de N. Dame.*

18

19
20
21

IV. OBIT.

M. Iacques Lescot Abbé de Boulogne,
Ioannis de Novo vico Sacerdotis,
Michaëlis de Motha Canonici,
Matthæi de Regio Canonici,
Guillelmi de Noillettes Canonici,
Ioannis de Corbeyâ Canonici,
Hugonis Harle Canonici,
Ioannis de Catheu Subdiaconi.

22
23
24
25
26
27
28
29
30
31

FEVRIER

*Obits pour les Bienfaitteurs de
la Quotidienne.*

I. OBIT.

Ademari Robert Episc. Morin.
Companni de Cambello Pœnit.
Balduini de le Carove Canon.
Valteri le François,
Ægidij de Carnonio,
Ingolissæ matris Rolandi Canon.
Ioannis Michaëlis Capellani,
Galteri & Isabellæ parentum Ioannis
de Preurâ.

1
2
3
4
5
6
7
8

II. OBIT.

Iacobi de Boloniâ Episcopi Morin. &
  Margaritæ matris ejus,
Salomonis Cantoris,
Balduini de Renenges Præpositi Furnen-
  sis,
Roberti Caillet Canonici,
Guidonis Lupi militis,
Balduini Quieret Canonici.

III. OBIT.

Archiepiscopi Ravennensis,
Guil. de Hericourt,
Ioan. Days Decani,
Ioan. de Haga Can.
Robert. de Cauda,
Bald. de Mamés Sacerd.
Patris & Matris Marci Pœnitent.

IV. OBIT.

Ioannis Tabari Episcopi Morinen.
Guill. de Liques Canonici,
Hugonis de Muris militis,
Les Seigneurs de Hodicq & des
  Marquets.

9
10
11
12
13
14
15
16
17
18
19
20
21
22
23
24
25
26
27
28

Obit solennel de Monseigneur André
Dormy premier Evêque de Boulogne,
avec Vigiles. *Quotid.*

Obit solennel au Chœur avec Vigiles,
pour Mr Me Charles Papin Doyen Chanoine. *Quotid.*

Obit solennel à la Chappelle de Nôtre-Dame sans Vigiles, avec distribution
aux Presents, pour Damoiselle Ieanne
d'Isque. *Quatorze livres aux Pauvres.*

D

MARS

Obits pour les Bienfaicteurs de la Quotidienne.

I. OBIT.

Mathildis Portugaliæ Reginæ,
Guil. de Pifiaco Can.
Patris & Matris Guil. de Bulco Can.
Mathildis Caftellanæ S. Audomari,
Ioan. Danthain Pœnitent.
Ioan. de Doüy Decani ,
Petri de Advocatis Subdiac.
Patris & Matris Nat. de Regio.

II. OBIT.

Guil. Pœnitent.
Thom. de Nanthoel Cant.
Petri Doby Decani,
Guil. de Ravenel Sacerd.
Petri de Molignon Subd.
Petri Fourcroy Can.
Ioan. Radomey Can.
Ioan. Edry Can.

III. OBIT.

Adæ Tonnel Pœnit.
Ioan. Vafforis Can.
Valteri de Renenges,
Ioannis de Dohen Can.
Marandi Lemps Can.
Nicafij Bayard Can.
Nicol. Burgenfis Cantor.
Mariæ le Burriere.

1
2
3
4
5
6
7
8
9

Petit Obit à la Chappelle de S. Iean pour Barbe Mouton Dame de Maulde. *Fabrique.*

10
11
12
13
14
15
16
17
18
19
20
21
22
23

Obit folennel fans Vigiles , pour Mr Me Iacques de la Planche Chanoine Archid. *Fabrique.*

24
25

IV. OBIT.

	26
	27
Petri de Doüy Episcopi Morin.	28
Petri de Offretun,	
Iacobi Edry & Isabellæ Sororis,	29
Ioan. de Clesty Pœnitent.	
Bartholom. de Clugny,	30
Ioan. de Blesy Sacerd.	
Francisci du Pin.	31

AVRIL

*Obits pour les Bienfaicteurs de la
Quotidienne.*

I. OBIT.

	1
Henrici de Muris Episc. Morinen.	2
Balduini de Coyecque Sacerd.	
Iac. de Nedonchel Can.	3
Guil. Minard Can.	4
Matthæi de Bosco Can.	
Rogerij de Blangy Pœnitent.	5
Ioan. Gosset Decan.	6
Roberti Amouret Can.	
	7
	8
	9

II. OBIT.

	10	Obit solennel de Mr Me Samson de la Planche Chanoine Trésorier, avec Vigiles. *Quotid.*
Ioan. de Aurelianis Decan.		
Adæ de Atrebato Subd.	11	Obit solennel de Monseigneur Nicolas Lavocat Billiad Evéque de Boulogne, Vigiles, Musique & presence actuelle. *Quotid.*
Magistri de Griboval Decan.		
Ioan. Maulroy Can.		*Item* Messe basse à la Chappelle de Nôtre-Dame, pour Mr Me Samson de la Planche, tous les Chappelains presents y ayants distribution.
Ioan. de Ront Can.		
Guil. Thesaurarij,		
Odoardi de Vlmeto Can.		
Firmini Mazin Can.		

	12
	13

III. OBIT.

| | 14 | Obit solennel de Mr Me Nicolas de Lespault Chanoine avec Vigiles, Musique & distribution de pain. *Quot.* |

Les Seigneurs de Hodicq Courteville,
Morlet Seigneur de Hardenthun,
Petri de Sto Ioanne Can.
Balduini de Wissant Can.
Willelmi de Mamés Decan.
Lamberti de Busco Sacerd.
Ægidij & Balduini Stas Can.
Eustachij Canis Can.
Ioan. Routier,
Hugonis Sevin Can.

	15	Obit pour le même à la Chappelle de N. Dame, distribution aux Presents.
	16	
	17	
	18	
	19	
	20	

IV. OBIT.

| | 21 | |

Ioan. Vassoris Episc. Gibeldensis, Morin. Dioec. Suffraganei.
Rob. Pinchenier,
Guill. de Sto Remigio Can.
Petri Burier Can.
Iac. Andrée Pœnitent.
Petri Morelli Can.
Nicolai de Nelle Capellan.
Idæ de Ayz matris Ioan. Decani.

	22	
	23	
	24	
	25	
	26	
	27	
	28	
	29	
	30	

MAY.

MAY

Obits pour les Bienfaicteurs de la Quotidienne.

I. OBIT.

Philippi Comitis Flandriæ,
Richeldis de Doy Matris Petri Episc.
Ioan. de Busco Can.
Philip. Cantoris Sacerd.
Iac. de Poiffy Capellan.
Ludovici Berguier Thesaur.
Christiani Decani Sacerd.
Ioan. Carpentarij Can.

II. OBIT.

Memoria Iacobi de Bolonia Episc. Morinensis,
Ioan. de Preurâ,
Iac. de Wisques,
Ludo. Militis Thesaur.
Guil. Denle Canon.
Raymundi Pinchenier,
Hugonis d'Aix Pœnit.

III. OBIT.

Guillel. de Macon Episc. Ambianensis,
Ioan. de Dohen Canon.
Petri le Large Archidiac.
Ioan. de Noyrel,
Hugonis de Ypra,
Dyon. Grieten Archid.
Ioan. de Busquet,
Matth. de Hamello Canon.

1

2   La Feste de l'Invention Ste Croix, après Matines une grande Messe au Chœur, après laquelle le Prétre en Chappe, Diacre & Soûdiacre, vont dans la Nef dire le *De profundis*, six fols pour Diacre & Soûdiacre, de la Fondation des Seigneurs des Marquets. *Quotid.*

3
4
5
6
7
8
9
10
11
12
13
14
15

16   Obit folennel de Mr Me Claude de Neufville Chanoine, diftribution aux Prefents. *Bourfe de la Chappelle de Noftre-Dame.*

17
18

E

19	
20	
21	Obit solennel pour Mr Me Iean de Wissocq Doyen de Terouane, Bienfaicteur de la Fabrique, sans Vigiles.
22	
23	
24	
25	
26	
27	
28	
29	
30	Le Dimanche de la Trinité une grande Messe pour Damoiselle Icanne d'Isque. *Fabr.*

IV. OBIT.

Petri de Collemedio Episc. Alban.
Guidonis Romain,
Bonifacij Canon.
Guidonis Everlene Thesaur.
Guillelmi Collet,
Eustachij Brioys Canon.
Guillelm. de Corro-Fonte Canon.
Bartholom. de Certaldo Can.

IVIN

*Obits pour les Bienfaicteurs de
la Quotidienne.*

I. OBIT.

Adæ Episc. Morinen.
Philip. de Luxemburgo,
Bernardi de Neapolis Subd.
Stephan. Craïel Capel.
Adæ de Rousselli Can.
Ioan. Colon Decani,
Ioan. Mousselot Sacerd.

1
2
3
4
5
6
7
8

II. OBIT.

Girardi de Dainville Epifc. Morin.
Iac. d'Aubigny,
Guidoni Anftin Canon.
Ioan. de Lieftres Canon.
Simonis Vairet Canon.
Nicaf. Grieten Canon.
Nicaf. Croquenaque Diac.
Nic. Matinée Can.
Ioan. Verdure Canon.
Theobaldi Archid.

III. OBIT.

Lamb. Epifc. Morinen.
Roberti de Campobernardi Canon.
Ioan. de Haudricourt Canon.
Petri de Herceval Capel.
Guil. Ehlard Pœnitent.
Ioan. de Apibus Canon.
Guil. Caffine Pœnitent.

IV. OBIT.

Iean de Bournonville Seigneur de Hou-
recq.
Iean Leeft Majeur de Boulogne,
Stephani Renti Canon.
Ioan. Bodefcot Can.
Iacob. de Melles Can.
Iacob. de Preudome Canon.

9
10
11
12
13
14
15
16
17
18
19
20
21
22
23
24
25
26
27
28
29
30

13. Obit à la Chapelle de Nôtre Dame pour Antoinette le Roy de Lozembrune Damoifelle de Berguettes, & pour ceux de fa Famille.

16. Obit folennel avec Vigiles pour Mr Me Iean de la Planche Chanoine & Archidiacre. *Quotid.*

25. Obit folennel de Mr Me Noël Gantois Doyen Chanoine avec Vigiles. *Fabrique.*

26. Meffe baffe de S. Iean & S. Paul, pour Mr Me Charles de la Haye Chanoine.

27. Obit folennel avec Vigiles pour Mr Me Iean Moucque Doyen Chanoine. *Fabrique.*

IVILLET

Obits pour les Bienfaicteurs de la
Quotidienne.

I. OBIT.

Philippi Regis Francorum,
 Lanfranci de Turre Stæ Romanæ Ec-
  clesiæ Vice-Cancellarij,
Ioan. de Collemedio Canon.
Ægidij de Maserijs Sacerd.
Ioan. de Magnicourt Sacerd.
Nicol. de Ruella Canon.

II OBIT.

Memoria Henrici de Lorraine Episc.
 Morin.
Balduini de Fiennes Archid.
Radulphi le Maire Archid.
Ioan. de Pone Thesaurar.
Petri Barbe Can.
Iac. de Harduin Can.
Ioan. de Fieffes Can.

III. OBIT.

Iean de Lebecque Prevost & Religieux
 de Nôtre-Dame.
Antoine de Hidrequen Seigneur des Bar-
 reaux,
Ioan. Iouglet Sacerd.
Ioan. Bulaine Cap.
Bernard. Boët Canon.
Valteri Canote Capell.
Guil. de Vallibus,
Clementis Anquier Sacerd.
Ioan. de Vissocq militis Domini de le
 Holande.

1	
2	Grande Messe au Chœur après Mati- nes par Wallerand de Tilly Abbé de Nôtre-Dame de Boulogne. *Quotid.*
3	
4	La Messe haute de S. Martin pour le Roy Loüis XI. *Quotid.*
5	
6	
7	
8	
9	
10	
11	Obit solennel de Mr Me Antoine Sanse Chanoine Penitencier avec Vigiles. *Quotid.*
12	
13	Obit solennel de Mr Me Iean Morel Chantre & Chanoine avec Vigiles. *Fabrique.*
14	
15	
16	
17	
18	
19	
20	

IV.

IV. OBIT.

Patris & Matris Henrici Episcopi,
Simonis Moulle & uxoris eius,
Erardi Moriser Archid.
Ioan. de Contquines Canon.
Livini Caillel Capel.
Claude Vinot Chanoine & Penitencier,
François aux Enfants Chanoine.

	21
	22
	23
	24
	25
	26
	27
	28
	29
	30
	31

AOVST

*Obits pour les Bienfaicteurs de
la Quotidienne.*

I. OBIT.

Petri d'Orgemont Episc. Morinen.
Philip. Feüillet Canon.
Petri Stalin Can.
Mich. de Mota Canon.
Matth. Decani Ariensis,
Ioan. de Ligniaco Offic. Morinen.
Stephani Proftat Canon.

	1	
	2	Meffe haute de Nôtre Dame des Anges à la Chappelle de la Vierge, pour Mr Iean Macquet Prétre, Chappelain & Sacriftain. *Bourfe de la Chappelle.*
	3	
	4	Meffe de S. Dominique avec mufique à la même Chappelle par la premiere Dignité du Chœur en l'abfence de Monfieur le Doyen, & après Vépres, Proceffion du S. Sacrement.
	5	Obit de Mr Me Iean de Wiffocq Doyen de Teroüane, Bienfaicteur de la Fabrique. *Fabrique.*

E

II. OBIT.

Thomæ Decani Laudun.
Nicol. de Bruay Cantoris ;
Marci Pœnitent.
Petri de Pæurâ Præpositi Casletensis ;
Ioan. du Flos Canon.
Thomæ Decani Morin.

Obit à la Chappelle de Nôtre-Dame pour Damoiselle Susanne Willecot, Chanoines revétus.   *Bourse de la Chap.*

III. OBIT.

Reginaldi de Riviri Canon.
Ioan. Fœüillet Decani ,
Ioan. de Balneolis ,
Bonifacij de Ganio ,
Dyon. Grieten Archid.
Catharinæ de Coïecqua ;
Ioan. Raul Capell.

Messe basse d'Octave de l'Assomption de Nôtre-Dame à la Chappelle, pour Mr Me Antoine de Loüen Chanoine Chantre.

IV. OBIT.

Pour Baudoüin Evéque de Teroüane, Insigne Bienfaicteur, Fondateur de quelques Prébendes , mort en 1030.

SEPTEMBRE

Obits pour les Bienfaicteurs de la Quotidienne.

I. OBIT.

Defiderij Epifcop. Morinen.
Guil. de Bufco Canon.
Petri de Han Canon.
Petri Broude Canon.
Ioan. de Colona Præpofiti Arienfis,
Ioan. Marandeau Thefaur.
Odonis de Ermenterijs ,
Anton. Barbier Capellan.

II. OBIT.

Iacobi de Bolonia Epifcop. Morinen.
Matthæi Aubron Canon.
Walteri de Lenfeles Advocati,
Ioan. Darfy Sacerd.
Malini de Wafiers,
Arnulphi Foüache Capellan.

III. OBIT.

Inguerani de Crequy Epifcop. Morinen.
Ioan. de Fienles Sacerd.
Felicis Capellani,
Stephani de Quarellis Sacerd.
Iac. Redijs Caur.
Michaël de Fienles Subdiac.
Ioan. Landrieu Canon.

1
2

Obit folennel à la Chapelle de Nôtre - Dame , diftribution aux Prefents,
pour Mr Me Gilles Follie Chanoine.
Bourfe de la Chapelle.

3
4
5
6
7
8
9

Obit folennel fans Vigiles pour Mr
Me Iean Galois Chanoine Theologal.
Quotid.

10
11
12
13
14

Le jour de l'Exaltation de Ste Croix,
Meffe haute pour Mrs des Marquets,
comme au jour de l'Invention. *Quotid.*

15
16
17

Obit folennel fans Vigiles pour Mr
Iofeph du Caftel Seigneur de la Serre &
pour fa Famille.   *Quotid.*

18

19	Obit à la Chappelle de Nôtre-Damé pour Damoiselle Iacqueline Framery, Chappelains revétus. *Bourse de la Chap.*
20	
21	
22	
23	
24	
25	
26	
27	Messe basse de Ste Thecle pour Mt Me Charles de la Haye Chanoine. *Quot.*
28	
29	
30	

IV. OBIT.

Ioan. le Ieune Cardinal. & Episcopi
    Morinen.
Petri Grisel Pœnitent.
Guill. de Plancqua Canon.
Balduini le Roy Canon.
Ioan. Capron Canon.
Petri Grodume Canon.
Eustachij de Lisque militis & Idæ eius
    uxoris.

OCTOBRE

Obits pour les Bienfaicteurs de la
Quotidienne.

I. OBIT.

Ioan. Moniffart Episcopi Tornacen.
Ioan. Regij Canon.
Adriani Dancluis militis Balivi Morin.
Roberti de Platea.
Stephani Dale Canon.
Thobaldi Parvi Canon.

1	Le premier Dimanche Messe haute du Rosaire par la premiere Dignité, comme au jour de S. Dominique.
2	
3	
4	
5	Obit à la Chappelle de Nôtre-Damé pour Mr Iean Macquet Chappelain & Sacristain. *Bourse de la Chappelle.*
6	II.

II. OBIT.

Valteri Pœnitent.
Ioan. de Malefrance Can.
Ioan. Fournelli Cantoris,
Thomæ de Dompierre Can.
Simonis de Grano.

III. OBIT.

Ioan. Episcopi Bellovacensis,
Petri de Orcheux Can.
Arnulphi de Brugis Can.
Ægidii de Turre Can.
Guillelmi de Boy,
Avelinæ,
Petri Caligani.

Obit solennel sans Vigiles pour Mr
Me Iean Faluel Chanoine Theologal.
Quot.

IV. OBIT.

Milonis Episcopi Morinensis,
Simonis de Luxemburgo Archid.
Ioan. Balu Canon.
Thomæ de Wespierre Canon.
Bouchardi de Galardon,
Simonis Truye,
Clarembaldi de Thiembrone,
Hugonis de Vpen militis,
Gileberti Bergensis Castellani.

7
8
9
10
11
12
13
14
15
16
17
18
19
20
21
22
23
24
25
26
27
28
29
30
31

NOVEMBRE

Obits pour les Bienfaicteurs de la Quotidienne.

I. OBIT.

Balduini Castellani Atrebat.
Petri Fortis Canon.
Guidonis Ponche Sacerd.
Nicol. d'Auby Canon.
Patris ac Matris Gafonis Can.
Iac. de Cena Canon.
Iac. Martini Canon.

II. OBIT.

Ioan. de Monte-Forti,
Auberti Hanon Canon.
Clementis Carre Canon.
Radulphi Fabri Canon.
Gregorii Socij Canon.
Hugonis Paillard Canon.
Guil. de Puteo Sacerd.

III. OBIT.

Henrici de Lugduno,
Ioan. Blancpain Capel.
Dyon. le François Sacerd.
Iac. de Efqua Canon.
Thomæ de Villaribus Canon.
Ioan. de Puteolis Sacerd.
Ioan. Quieret Canon.
Willelmi le Moifte.

1
2
3   Obit folennel avec Vigiles pour Mr Me Hubert Fontaine Chanoine. *Fabr.*
4   Obit folennel avec Vigiles pour Mr Me Antoine de Loüen Chanoine Chantre. *Fab.*
5   Meffe baffe pour le méme à la Chappelle de S. Iofeph, diftribution aux Chappelains.
6
7
8
9
10
11   Meffe haute de S. Martin pour le Roy Loüis XI. *Quot.*
12
13
14
15
16
17
18
19
20   Obit à la Chappelle de Nôtre Dame pour Damoifelle Sufanne Willecor. *Bourfe de la Chappelle.*

IV. OBIT.

Francifci de Melun Epifc. Morineñ.
Rolandi Lupi,
Matthæi de Cayeu Canon.
Iac. de Meldis Sacerd.
Phil. de Lobel Cantor.
Iac. le Barbier Sacerd.

21	
22	
23	
24	
25	
26	
27	
28	Deux Meffes baffes à la Chappelle de S. Maxe, une du Saint, & l'autre des Deffunts, pour Mr Me Antoine de Loüen Chanoine Chantre. *Fabrique.*
29	Obit de Monfeigneur André Dormy premier Evêque de Boulogne avec Vigiles. *Quotid.*
30	

DECEMBRE

Obits pour les Bienfaicteurs de la Quotidienne.

I. OBIT.

Dominæ Ioannæ de Luxembourg uxoris Domini d'Anthoin,
Ioan. Brifquefne Canon.
Iuliani du Pin Canon.
Ægidij de Sto Ioanne Sacerd.
Reginaldi du Brulle Canon.
Ioan. le Moifte.

1	Obit fans Vigiles de Mr Me Antoine Cleugnet Chanoine Archid. *Quotid.*
2	Obit folennel avec Vigiles pour Mr Me Iean Moucque Doyen Chanoine. *Fabrique.* Les deux jours fuivants, deux petits Obits, l'un à la Chappelle de Nôtre Dame, l'autre à S. Pierre, pour le même.
3	
4	
5	Obit folennel avec Vigiles & Mufique, pour Mr Me Nicolas de Lefpault Chanoine, *comme en Avril.*
6	

II. OBIT.

Iolandæ Flandrensis Comitissæ de Barro.
Mariæ de Seninghen,
Sigerij de Ecca Canon.
Radulphi Foutré Sacerd.
Balduini de Gand Subdiac.
Roberti Wicart Capell.
Anselmi Catot.

III. OBIT.

Matthæi Reginaldi Episcopi Morinen.
Raymundi Lombard Canon.
Ioann. de Becqua Can.
Natalis de Blaisel Cap.
Guil. Plonchet Canon.
Iacob. Durecq Can.
Ioan. de Staple Archid.

IV. OBIT.

Ioan. Dauvergne Cantor. Morinen.
Arnulphi le Berquier Canon.
Iacob. Dominus Canon.
Henrici de Biveria Pœnit.
Guil. de Crequy Præpositi Ariensis,
Ogeri de Agnania,
Iacob. de Hemon Sacerd.

Lors qu'il y aura un cinquiéme Obit dans les Mois, il sera pour
Le Roy Clotaire dit le Grand.
Eustache Frere de Godefroy de Boüillon & Marie d'Ecosse sa Femme.
Philippes de France oncle du Roy S. Loüis.
Robert d'Auvergne & Iean de Berry Comtes de Boulogne, & principaux Bienfaicteurs de l'Eglise de Nôtre-Dame de Boulogne.

7
8
9
10
11
12
13
14
15
16
17

Le premier O se chante par Monseigneur l'Evéque avec distribution de cinq sols aux Chanoines, & deux sols six deniers aux Chantres, Officiers d'Eglise, & à tous ceux qui se trouvent dans les hautes Formes du Chœur; & le chant de l'O se continue jusques au 23. par les Chanoines en dignité, où plus anciens, à la distribution de la moitié de ce qui se donne par Monseigneur l'Evéque.

18
19
20
21
22
23
24
25
26
27
28
29
30
31

Tous

TOUS les Dimanches & Fêtes chommées, à onze heures une Messe basse dans la Chappelle de la sainte Vierge; avec son de la grosse Cloche.

Les premiers Dimanches des Mois, pour Mr Me Antoine le Roy Chanoine & Archidiacre de cette Eglise.

Les seconds Dimanches, pour Anselme Toussen & Marie Caron sa femme.

Les troisiémes Dimanches, pour Mr Me Iacques Morel Chanoine.

Les quatriémes Dimanches, pour Mr Me Antoine de Ray Chanoine.

Les cinquiémes Dimanches, pour Catherine Flahault.

Les Fêtes de la Circoncision, de la Purification, de S. Matthias, de S. Ioseph, de S. Marc, de l'Ascension, du S. Sacrement, de l'Assomption, de la Nativité de la sainte Vierge, de S. Maxe, de la Conception, de la Nativité de Nôtre-Seigneur, pour Mr Me Matthias Morlet Chanoine Penitencier.

Les Fêtes de l'Epiphanie, de l'Annonciation, de S. Philippes S. Iacques, de S. Barnabé, de S. Iean Baptiste, de S. Pierre S. Paul, de sainte Madeleine, de S. Iacques le Majeur, de S. Laurent, de S. Barthelemy, de S. André, pour Me Pierre Godde Prêtre.

Les deux Fêtes de Pâques & de Pentecôte, de S. Loüis, de S. Matthieu, de S. Luc, de S. Simon S. Iude, de la Toussaint, de S. Thomas, de S. Estienne, de S. Iean l'Evangeliste, pour Catherine Fontaine.

EPISCOPI MORINENSES.

LEGITUR in vitâ S. Arnulphi Martyris, quòd S. Patritius fuit Morinensis Episcopus, etsi in Catalogo Episcoporum non inveniatur.

1. S. ANTIMUNDUS missus à S. Remigio an. 531.

2. ATALBERTUS; post quem vacavit Sedes centum annis & ampliùs, ob varias tunc temporum subortas tempestates, usque ad Clotarium Francorum Regem Dagoberti patrem, à quo Ecclesia Morinensis erecta est, & sacræ Virgini inscripta, ut sub ejus dexterâ roboraretur Diœcesis.

3. S. AUDOMARUS creatus Teruanensis & Boloniensis Episcopus an. 668. Morinos priùs per sanctos Fuscianum & Victoricum conversos, sed magnâ ex parte ad Idololatriam relapsos, summis laboribus ad veram fidem reduxit, rebus humanis exemptus an. 695. in villâ Wavrantis suæ Diœcesis; corpus in loco Sithiu, nunc Audomaropoli, deponitur.

4. DRANCIUS.

5. S. BAINUS Fontanellensis Cœnobij in Normaniâ post S. Wandregesilum Abbas, cui dicat Ionas vitam S. Wlfranni.

6. RAVENGERUS. Multi opinantur Drancium, S. Bainum & Ravengerum vel Boloniæ sedisse, vel solummodò coadjutores extitisse S. Audomari oculorum lumine per plures annos destituti.

7. S. ERKEMBODO ex Abbate S. Bertini Episcopus Morin. de quo Ioannes Iperius in Chron. Bertin. & Molanus in Natal. Belg. Obijt an. 742. sepultus in Ecclesiâ S. Audomari.

8. ADALGERUS.

9. GUMBERTUS.

10. ÆTHERIUS.

11. RADUALDUS.

12. ATHALFUS.

13. WIGBERTUS.

H

14. THEODOVINUS adfuit dedicationi Monasterij Centulensis seu S. Ricatij circà an. 800.

15. EREMBALDUS.

16. S. FOLQUINUS patente ortus Hyeronimo Caroli-Magni Imperatoris patruo, ad hunc Episcopatum assumitur an. 816. è vivis ereptus 14. Decemb. 855. conditur apud S. Bertinum.

17. S. HUNFRIDUS è Coenobio Prumiensi accitus infulas iniit, à Normanis Sede pulsus 865. Monetur à Nicolao Papâ, ne Ecclesiam suam in persecutionibus deserat ; mundi angustijs expeditus 8. Martij 868.

18. ATHARDUS vitam posuit 871. Sub ejus regimine vixit Hincmarus Episcopus Laudunensis, oriundus ex Boloniâ civitate, patre nobili, nepos magni Hincmari Remensis, qui ad eum sic scribit : *Atrebatis, Viromandis, & Bononia, ex cujus territorio es nativus, antiquiores Sedes, cum proprijs Episcopis in Remorum Provinciâ extitere, quàm Castrum Montis Lauduni inter Sedes computaretur, in quo es ordinatus Episcopus.*

19. ADALBERTUS ab Hincmaro ordinatus Episcopus, subscripsit Concilio Pontigonensi 876. Ejus tempore, Normani Teruanam urbem mense Iulio 881. ferro & igne vastaverunt : migravit à sæculo 884.

20. HERILANDUS memoratur in Synodo Remensi 892. apud Flodoardum, à Fulcone Archiepiscopo benignè susceptus, apud quem, Episcopio à Normanis depopulato, se recepit, & litteris ad Formosum Papam commendatus an. 894.

21. STEPHANUS piæ recordationis Episcopus vocatus à Lamberto Ardensi, sedit in Concilio Troslejano an. 909. Boloniæ in Ecclesiâ Cathedrali sepultus an. circiter 935. ubi ipse & tres proximè sequentes Episcopi resederunt ; Erat quippe, inquit autor vitæ S. Bertulfi scriptæ 1073. Bolonia munita tunc temporis civitas, mari Morinorum propinqua, mercibusque marinis præcipua, Sede insuper Episcopali & benedictione consecrata.

22. WICFRIDUS ex Præposito S. Bertini Episcopus consecratus per Artaldum Remensem an. 935. interfuit Concilio Trevirensi 948. atque corpus S. Bertulfi ex Bononiâ transtulit Harlebecum in Flandriâ. Sub illo revelatum est corpus S. Maximi Regiensis Episcopi apud Wimam, & Teruanæ conditum in Æde principe 954.

23. BAUCO, aliàs DAVID, ex Monacho S. Petri Corbejensis, interijt 964.

24. FRAMERICUS recensetur in historiâ Lamberti Presbyteri Ardensis habuisse magni nominis neptem Silvestam in terrâ Ghisnensi, quæ in manu suâ omnia allodia cesserit. Fato functus est 999.

25. BALDUINUS urbem Teruanam à Normanis jam olim penè destructam restauravit. Ejus tempore sexdecim Præbendæ in Ecclesiâ Morin. quam ompimodâ libertate insignivit, institutæ sunt, & aliæ sexdecim posteà additæ. Vivere desijt 15. Maij 1030.

26. DROGO ex Pastore de Guistellâ ad Sedem Morin. sublevatus 1031. Fulconis Episcopi Ambianensis potissimùm gratiâ, cujus à teneris annis Clericus fuerat, Concilio Remensi adstitit 1049. atque elevationi corporis S. Bertini 1050. Autor vitæ S. Godolenæ, & Fundator Ecclesiæ Collegiatæ S. Nicolai Ambianensis, Decimas de Pernes & de Floringhen in Artesio, Ecclesiæ suæ reliquit ad refectionem Canonicorum & pauperum in die Anniversarij sui, morte sublatus 21. Augusti 1079. anno Episcopatûs 48.

27. HUBERTUS ex Archidiacono Teruanensi electus Episcopus, sedit in Concilio Suessionensi 1078. Monachus posteà factus S. Bertini. Ejus tempore & Successoris ejus, multis motibus agitata est Morin. Ecclesia, & sacrilegis factionibus miserabiliter deformata.

28. GERARDUS Archidiaconus Cameracensis in Episcopum assumitur 1084. ad quem extat epistola S. Anselmi. Non modicum splendoris Ecclesiæ Morin. attulêre, his turbulentissimis temporibus, duo insignes eruditione & virtute viri, Lambertus patriâ Ghisnensis, ex Archidiacono Teruan. primus Atrebatensium, post separationem à Cameracensi Sede, Episcopus, Romæ ab Vrbano II. licet invitus sacratus 1094. & Baldericus Canonicus & Cantor Morin. ex Archidiacono electus Episcopus Noviomensis 1098. Chron. Cameracensi illustris, & in Choro Teruan. Ecclesiæ tumulatus 1112. Eadem tempestate, Godefridus è Civitate Bolon. Illustrissimo Comitum sanguine progenitus, Christianæ militiæ Antesignanus, in expeditionem Ierosolymitanam proficiscitur 1096. Rexque, communibus votis, creatur 15. Iulij 1099.

29. B. Ioannes de Commines filius Guillelmi Domini de Warneston, optimis disciplinis sub Ivone Carnotensi eruditus, ex Religioso montis S. Eligij Archidiaconus Atrebatensis, postulatur Episcopus Morin. atque à Manasse Remensi consecratur 1099. Pauperum, Ecclesiarum, Bibliothecarum & dilatandæ Religionis sedulus observator, clarus miraculis, Morinis in Christo obdormivit 27. Ianuarii 1130. Ioannes de Collemedio Archidiac. Morin. qui 14. annis sancto Antistiti cohabitavit, vitam scripsit, ubi nominatur trigesimus ordine Morin. Episcoporum, in Epigraphe plumbeâ suprà caput demortui, veteri more, intra sepulchrum apposita. Ipse autem, ut erat in scribendo egregiè peritus, historiam rerum gestarum Roberti Frisij Comitis Flandriæ condidit ; ejus exemplo, Gualterus Archid. quoque Teruan. posteritati reliquit vitam Caroli Boni etiam Flandr. Comitis in Ecclesiâ Brugensi pro justitiâ trucidati 1127.

30. B. Milo ex nobili prosapiâ Dominorum de Selincourt, S. Iudoci in nemore, seu Dommartini Præmonstratensis primus Abbas, creatur Episcopus 17. Aprilis 1131. Religione & scientiâ insignis apud Baronium, delegatur à Concilio Remensi, cum Hugone Altissidorensi ac Sugerio Abbate S. Dionysij, ut ipsi summo Pontifici exhiberent Gilberti Porretani Pictaviensis Episcopi capitula. Notandum proverbium tunc temporis usurpatum, *In Bernardo charitas, in Norberto fides, in Milone humilitas.* Dedicavit Ecclesiam Morin. 1133. Aluisio Arrebatensi, Guarino Ambianensi & Simone Noviomensi, Episcopis præsentibus. Naturæ debitum reddidit 16. Iulij 1158. inter pios recensitus à Claudio Saussajo in Martyrologio Gallicano.

31. Milo II. ex Abbate Russelli-villano & Archidiac. Morin. successit patruo 1159. & in gratiam & memoriam ejus de Apostolicâ Sede benè meriti, Romæ sacratur ab Alexandro III. Papâ, nullâ habitâ ratione oppositionum Clericorum Bolon. qui Samsonem Archiepiscopum Remensem prohibuerant, ne electum consecraret, nisi ad titulum Teruan. Ecclesiæ, volentes amodò suum proprium habere Episcopum, sicuti antiquitùs habuerant. Fundavit Abbatiam S. Augustini Ord. Præmonstrat. in suburbijs Teruan. ubi jacet mortuus 12. Septemb. 1170. legatis Capitulo suo Altaribus de Wavrans & de Pierremont, ad vinum emendum in omnibus festivitatibus Deiparæ Virginis. Circà hoc tempus, an. scilicet 1167. idem mortis tributum pendit Balduinus de Boloniâ in Comitatu Boloniensi juxtà villam de Hardinghen, nobili genere natus, Episcopus Noviomensis per decem & novem annos, cui successit Balduinus ex Abbate Rivovillano.

32. Desiderius Hugonis Insulæ Castellani, ex Sarâ sorore Castellano Curtracensi nuptâ nepos, primùm Divi Petri Insulensis Præpositus, Ecclesiæ Tornacensis Cancellarius & Archidiac. dein electus Episcopus Teruan. magno Canonicorum desiderio, ut perhibent Tabulæ Morin. ob insignem animi virtutem ; Fratres habuit Rogerium, qui patrem in Castellaniâ Curtracensi excepit, & Robertum in Præpositurâ Insulensi Successorem. Synodo Lateranensi interfuit 1179. fundavitque Abbatiam S. Colombæ de Blandecque Monialium Cisterciensium prope Audomaropolim 1186. tandem annis jam fractus & laboribus, Episcopatui sponte cedit 1191. moriensque 20. Ianuar. 1194. sepulchrum accepit in Monasterii Camberonensis Ecclesiâ, tertio ab urbe Montensi lapide, Beatus ab Arnoldo Raissio nuncupatus.

33. Lambertus de Brugis ex Cancellario Remensi adlectus Episcopus 1191. adfuit Ambiani Coronationi Ingelburgis Philippi Augusti conjugis 1193. vitæ terminum posuit 21. Maij 1207.

34. Ioannes II. Lamberti nepos, ex Archid. Morin. ab Innocentio III. Episcopus confirmatur, cùm in Ecclesiâ Teruan. propter ejus electionem Schisma & dissensio suboriri coepissent ; brevi Pontificatum tenuit, fato raptus 1212. Ejus tempore, multi è Teruanicâ & Boloniensi Nobilitate, vexillum Crucis de manu Episcopi accipiunt, contrà Albigenses pugnaturi.

35. Adam ex Archidiac. Parisiensi Antistes Morin. Caleto Burgo maritimo in oppidum munitum ac portum, Philippi Comitis Bolon. munificentiâ, assurgenti, duos ad curandam plebem Presbyteros præfecit 1224. & Parrochiarum terminos Pontificali autoritate descripsit. Ecclesiam Morin. domibus & reditibus ampliavit ; Mathildis Lusitanæ Ferdinandi Comitis Flandr. amitæ Testamenti executor ; demùm postridie Festi Paschalis 1229. Ecclesiæ suæ valedicens, summo Cleri populique luctu, in Claram-vallem secessit, ubi Monachus scripsit historiam sui Ordinis, inter piæ memoriæ viros in Martyrologio Gallicano recensitus, assignatâ ad 18. Augusti obitûs die.

36. PETRUS DE DOUY ex Canonico & Archidiac. Flandr. in Ecclesiâ Morin. singulis approbantibus, eligitur 1229. Sede tamen Episcopali per annum integrum vacante, antequàm inauguraretur. Hominem exuit 23. Martij 1250. inter præcipuos Benefactores ab Ecclesiâ Morin. semper adscriptus, etiam in pluribus Collectis Missalium propriorum ultimò editorum, ubi expressè nominatur cum *Henrico, Iacobo Pontificibus, & Ioanne Decano, quondam Benefactoribus nostris.*

37. RADULPHUS DE CALA prudens & industrius Antistes, mittitur 1253. à Margaritâ Flandriæ Comitissâ in Hollandiam, inde Vormatiam, ad Guillelmum Cæsarem, ut unà cum Waltero Tornacensium Episcopo. de redemptione Guidonis & Ioannis Principum ageret. Interest Translationi S. Fursæi Peronæ 1256. & sacrat Ecclesiam Dunensis Monasterij 1262. quo eodem anno adstitit dedicationi Abbatiæ Caricampi. Vitam clausit 1264. Recolitur dies obitûs in Calendario Morin. quarto Nonas Ianuarij.

38. HENRICUS DE MURIS ex Cantore Morin. Episcopus, Concilio Lugdunensi adfuit cum Ioanne de Bosco Bertinensi Abbate 1274. E vivis abijt 7. Aprilis 1290. Episcopalis dignitatis & libertatis Ecclesiasticæ asserendæ zelo flagrantissimus.

39. IACOBUS DE BOLONIA ex nobili prosapiâ Boloniensi, parentibus Roberto le Moiste Regi à Consilijs & Margaritâ du Bucquet, fratres habuit Robertum Madidum Præpositum Yprensem, dein Abbatem de Rivovillâ, & Guillelmum urbis Bolon. Majorem, Patriæ defensorem. Interest Consilio Regis 21. Ianuar. 1296. fundavit unam Capellam in Ecclesiâ Bolon. quæ dicebatur Capella Episcopi 1293. & alteram B. Mariæ de Miraculis in Ecclesiâ Teruan. 1300. cum decantatione solemni Antiphonæ *Salve Regina* ante Imaginem B. Virginis in arcâ singulis Sabbati diebus. Interijt Idibus Septemb. 1301. vir magnæ apud se frugalitatis, & profusæ in egenos Ecclesiámque suam liberalitatis, inter primarios Capituli Benefactores jure nominandus.

40. INGERRANUS DE CREQUY ex illustri & pervetustâ Crequiorum Heroüm Familiâ hujusce Diœcesis editus, de Sede Cameracensi ad Morin. promotus 1301. adfuit Concilio Sylvanectensi 1317. Fundator Capellæ B. Mariæ in puerperio in Ecclesiâ Teruan. 1327. refossum cadaver Iacobi Peytæ Bergensium plebejorum Præfecti, sacrilegi & seditiosi hominis, cremari publicè jussit 1329. ad meliorem vitam vocatus 29. Novembr. ejusdem anni. Sub ejus Pontificatu an. 1303. Teruana cum Templo Cathedrali à Flandris intercepta, igne depascitur.

41. IOANNES DE VIENNE III. missus 1329. à Rege Philippo Valesio, ut Yprensis, Curtracensis, aliarúmque arcium propugnacula everteret, Flandrorúmque animos ad seditionem procliviores, vi aut eloquio leniret, haud multò post Morin. Ecclesiæ præficitur ; ad Archiepiscopatum Remensem traductus 1334. cum fratre Rainoldo ejusdem Metropolis Thesaurario, delegatur 1344. Orator Regis ad Pontificem Max. & Castellæ Regem, pro fœdere pacis inter eosdem sanciendo ; Ioannem Regem & Ioannam de Boloniâ conjugem ejus Remis inungit & coronat 26. Septembr. 1350. morte correptus anno sequenti, quiescit in Cathedrali.

42. RAYMUNDUS SAQUETY primùm Senator Parisiensis, electus Episcopus Morin. mense Novemb. 1334. pacis conciliandæ inter Principes Christianos Legatus Philippi Valesij ad Eduardum Anglorum Regem, posteà ad Cathedram Lugdunensem assumptus 1355. ubi biennio tantùm, aut circiter, sedit. Celebris inter ipsum & Capitulum Morin. compositio, ab ejus nomine Raymundina dicta, apud Wissant facta est 26. Novemb. 1337. per Cardinales Petrum Stæ Praxedis Presbyterum, & Bertrandum Stæ Mariæ in Acquino Diaconum. Ejus tempore, Caletum ab Anglis capitur 1346. & Civitas Morin. diripitur & concrematur; Templum quoque Cathedrale spoliari cœptum, sed cùm Anglus quidam jactu sagittæ coronam Deiparæ Virginis, quæ sublimi quodam stabat pegmate, conatur dejicere, fractus arcus circunstantes graviter fragmentis suis vulneravit ; tùm parcitum Templo, créditúmque divinitùs direptionem prohiberi ; religiosè supplicatum ; ac dona certatim ab Anglis Virginis aræ collata.

43. ÆGIDIUS AISCELIN DE MONTAIGU Dominus de Listenois in Arverniâ, Franciæ Cancellarius invictæ fidei 1357. frater Petri Episcopi Laudunensis Cardinalis, Instauratoris Collegij de Monte-acuto sui nominis, & Sorbonæ Provisoris. Inter purpuratos Principes & ipse adscriptus ab Innocentio VI. 1361. 15. Kalend. Octob. posteà Episcopus Tusculanus, Apostolicæ Sedis Legatus Lutetiam mittitur ad reformandam Academiam Parisiensem 1366. è vitâ recessit Nonis Decemb. 1378.

44. ROBERTUS DE GENEVE è Comitibus Gebennensibus, parentibus Amedæo III,
& Mathilde de Boloniâ filiâ Roberti III. cùm Boloniæ, tùm Arverniæ Comitis, & Mariæ
Flandricæ, diversarum linguarum peritiâ excultus, tantillùm pede uno claudicans, primùm
Protonotarius Apostolicus, deinde Morin. Episcopus 1365. posteà Cameracensis 1368. in
Cardinalium Collegium assumptus à Gregorio XI. 8. Iunij 1371. tandem Fundis in Regno
Neapolitano creatus Summus Pontifex 21. Septemb. 1378. annos sexdecim sedit in Schismate, dictus Clemens VII. in suâ obedientiâ ; tandem honoribus & vitâ defungitur Avenione
16. Septemb. 1394. ætatis 52. jacetque in Æde Cælestinorum. In suos magnificus, etiam
Morin. Ecclesiam suis cohonestavit muneribus, multa largitus Indulta Apostolica, insuper Cappam pretiosam, & Vas, seu Ciborium aureum, ad deferendum Corpus Dominicum die festivâ
Sanctissimi Sacramenti.

45. GERARDUS DE DAINVILLE Nobilis Atrebas, è patriæ Cathedrâ ad Morin.
evocatur 1370. Episcopus etiam Cameracensis, ubi sexto Pontificatûs anno vitam cum morte mutavit 1378. sepulchro mandatus in latere dextro Ecclesiæ B. Mariæ, Fundator Collegij
sui nominis in Academiâ Parisiensi, unà cum germanis Ioanne de Dainville Equite, hospitiorum Ioannis & Caroli Quinti Regum Præfecto, ac Michaële Archidiac. Atrebat. Regis Consiliario, Testamenti fratrum curatore fidelissimo.

46. AYMARUS vel ADEMARUS ROBERT, Cardinalis Stæ Anastasiæ, Nobilis
Lemovicensis, Aymari Domini de S. Ial Equestris Ordinis filius, juris utriusque Doctor, favore Principum adjutus, primas Ecclesiæ Gallicanæ dignitates obtinuit, ex Lexoviensi & Atrebatensi Episcopo factus Morin. 1371. multò ante purpurâ decoratus à Clemente VI. demùm
Archiepiscopus Senonensis circà an. 1378. tot muneribus accessit in eo Præsule cum eruditione
studium tutandorum Episcopij jurium. Denascitur 25. Ianuarij 1384. ad lævam majoris altaris
Senonensis depositus. Annua illius memoria die 26. Februar. in Choro Morin. perennavit.

47. PETRUS D'ORGEMONT parentibus Petro Domino de Chantilly, Senatûs Parisiensis Principe, deinde Franciæ Cancellario, & Margaritâ de Voisines natus, Præses Cameræ Computorum, de Sede Morin. ad Parisiensem pervenit 1384. è vivis sublatus 16. Iulij
1409. juxtà majus altare Basilicæ Marianæ sepelitur. Quædam legavit Capitulo Teruan. ad
duos Obitus 30. Iun. & 1. August. perpetuò celebrandos. Eo sedente, floruit Ioannes de
Condette, è Condetto, Comitatûs Bolon. villâ, editus, ex Abbate Alciacensi electus Abbas S. Bertini 1383. vitâ privatus 20. Februar. 1407.

48. IOANNES TABARY IV. priùs Medicus, & à Secretis Caroli-Quinti Regis, ad
quem scripsit sex libros de Medicinâ, ex Canonico Parisiensi Antistes Morin. 1384. Prætorium Episcopale & aquæductus subterraneos urbis Teruan. construxit. Testamenti sui tabulis 7.
Martij 1402. fundat duas Capellanias parvi Crucifixi, aliàs dictas *de Tabari*, in suâ Cathedrali, & unam in Monasterio villæ Stirpensis, Diœcesis Lemovicensis, in quâ natus erat, per
Priorem Claustralem deserviendam, ac Confratriæ S. Sebastiani, quam de novo in Civitate
Morin. inceperat propter mortalitatem grassantem, quasdam Missas dotat. Parisijs animam exhalavit 15. Februar. anni sequentis : corpus ad sepulturam delatum est Teruanam, ubi in Cathedralis Tabulario Anniversarium perpetuum habet.

49. MATTHÆUS RENAULD Bapalmensis, Doctor Theologus, & Caroli VI. Regis
Confessor, honore Præsulatûs decoratus, Ecclesiæ ornamento proficere studuit. Vitas Summorum Pontificum scripsit, Teruanæ fato functus 13. Calendas Aprilis 1414. jacet in Cathedrali, institutis duobus Capellanis ad altare S. Matthæi propè locum sepulturæ, quod per
Ioannem de Wissocq Decanum, Testamenti executorem, construi ordinavit.

50. LUDOVICUS CARDINALIS DE LUXEMBOURG B. Petri de Luxemburgo nepos, Ioanne
Domino de Beaurevoir, & Mariâ Anguianâ Briennæ Comitissâ natus, Castellanus, ex hæredio, de
Tingry & Hucqueliers in Comitatu Bolon. Antistes Morin. designatur 1414. Electione Canonicorum suffragia bifariàm dividente inter ipsum & Ægidium de Campis, præcipuum Caroli
VI. Regis Eleemosynarium. Benedixit Cœmeterium, in quo sepulti, qui infelici ad Azincurtum
hujusce Diœcesis prœlio occubuêre 25. Octob. 1415. Præses Cameræ Computorum Parisijs, & Henrici Angliæ Regis Franciam occupantis Cancellarius 1425. Iurisdictionis Ecclesiasticæ in Diœcesi Morin. assertor potentissimus. Nuptias magnâ pompâ Teruanæ initio an. 1430.
celebrat in Ædibus Pontificiis, inter Ioannem Ducem Betfordij, & Iacobam Luxemburgiam
neptem suam, filiam Petri Comitis S. Pauli ; in quarum memoriam, donavit Betfordius Ecclesiæ Teruan. quinque Campanas magni ponderis & pretij, quas proprijs impensis adferri

curavit ex Angliâ , fuum fonum in notis Muficæ gradatim infequentes. Tranflatus eft ad Archiepifcopatum Rothomagenfem 1436. Cardinalitiâ ab Eugenio IV. veftitus purpurâ 1439. Electus tandem Tufculanus Epifcopus 1442. deceffit in Angliâ 18. Septemb. 1443. terræ traditus in Elienfi Ecclefiâ, cujus Epifcopatu fuerat donatus.

51. IOANNES LE IEUNE V. Cardinalis , filius Roberti Balivi Ambian. Atrebatum Gubernatoris , frater Guillelmi Domini de Contay , è Sede Ambian. quam an. 1437. cedit Ioanni Lavantage Stapulenfi , principi Medico Ducis Burgundiæ , Ambianum oppigneratum tunc tenentis , ad Cathedram Morin. traducitur. Legatus ejufdem Ducis ad Concilium Florentinum , in Presbyterum Cardinalem electus eft 18. Decemb. 1436. ab Eugenio IV. cujus vitam fcripfit , eóque mortuo , parùm abfuit , quin affumptus fuerit in Summum Pontificem , omnium purpuratorum Patrum ditiffimus , Cardinalis Morin. femper nuncupatus , præmaturâ morte Romæ opprimitur 9. Septembr. 1451. ætatis 40. Quædam Ecclefiæ Morin. ad perpetuam fui memoriam reliquit , fepultus in fuo S. Laurentij in Lucinâ titulo. Sub ejus Pontificatu, Francifcani Religiofi de Obfervantiâ Bononiæ admittuntur 1444. illífque ad conftructionem Ecclefiæ , lapides concedit anno fequenti Ioannes Blondel Dominus Longivillaris , è primariâ Nobilitate Bolon. cum Chriftianâ de Courteheufe conjuge.

52. DAVID DE BURGUNDIA , filius naturalis Philippi Boni Ducis Burgundiæ , & Flandr. Comitis , memoratur electus Teruan. Præful in antiquo codice Cameræ Rationum Parifiis 1451. apertâ tunc Regaliâ per mortem Ioan. Iuvenis Cardin. de quo Epifcopatu David Carolo VII. Regi fidem clientelæ pro temporali juravit ; poftea fit Antiftes Vltrajectinus 1455. largus Ædium facrarum dotator , contulit Ecclefiis fuis fumptuofa ornamenta. Vitam pofuit ætate provectus 1496. in oppido de Wick , fepultus in Ecclefiâ S. Ioannis Baptiftæ , juxtà Doreftatum. Obitus ejus adnotatur in Martyrologio Morin. ad diem 21. Novembris.

53. HENRICUS DE LORRAINE II. Antonij Comitis Vaudemontij , ex Mariâ Harcurianâ , Elbotij Dominâ , filius , Teruannæm Dominicâ II. Pafchæ , folemni pompâ invehitur 1457. Suffraganeum in Epifcopatu habuit Guillelmum de Clugny , Nobilem Burgundum , Ferrici Cardin. Tornac. Epifcopi fratrem ; quo etiam tempore , Simon ex præclarâ & Imperatoriâ Luxemburgenfi ftirpe ortus , Dynafta de Lieftres , Audomarenfis & Arjenfis Præpofitus , Archidiaconi dignitatem tenuit in Ecclefiâ Morin. ibíque fepelitur ; & Ioannes Moniffart , ex Decano Teruan. à Sixto IV. inauguratur Epifcopus Tornacenfis 1483. fed poftero anno , eodemque defunctus , quo Enguerranus de Crequy Abbas S. Ioannis in Monte Morin. pietatis gloriâ celebris. Henrico adhuc illic agente , Ludovicus XI. Rex Boloniam orationis causâ devenit , menfe April. 1478. memorque Deiparæ Virginis , in eâ urbe , varijs fignis ac miraculis confpicuæ , eidem perpetuò ceffit jus Feodi Comitatûs Bolon. Ipfe autem Epifcopatum hunc ejuravit an. 1485. in gratiam Antonij de Croy , factus Metenfis Antiftes. Ioinvillæ dies complevit octogenarius 20. Octobr. 1505. humatus in Ecclefiâ Collegiatâ S. Laurentij. Proventus annuos erogavit Ecclefiæ Morin. pro folemni Obitu , & pro decantatione *O Salutaris Hoftia*, fingulis diebus in Elevatione Corporis Chrifti, necnon Antiphonæ *Ave Regina Cœlorum*, in Proceffione & Statione matutinâ Dominicarum.

54. ANTONIUS DE CROY Philippi Comitis Porceani, Dynaftæ de Renty & Iacobæ Luxemburgenfis filius , ex illuftriffimâ apud Belgas Familiâ , aviam habuit Margaritam à Lotharingiâ , conjugem Antonij de Croy Regij Palatij Magiftri , Sororem Henrici Epifcopi Morin. cujus Ecclefiæ primò Adminiftrator , tùm Antiftes confecratur apud Caftrum de Porcien menfe Novemb. 1486. quo anno , Teruana civitas à Burgundis capta fuit 10. Iunij , fed à Gallis , Philippo Crevecurio duce , Bolonienfium Prorege , recuperata menfe Iulio 1487. Ipfe autem Præful , facrâ peregrinatione fufceptâ , rediens Ierofolymis , letho detinetur in Cypro 21. Septemb. 1495. Eadem Croya Familia , multis adhuc in Dioecefi Bolon. ditionibus gaudens , Noviomenfi etiam Cathedræ , Tornacenfi , Atrebatenfi & Cameracenfi , Pontifices gloriofè protulit , & non minori Chriftianorum Regnorum ornamento , Duces de Croy , d'Havré & d'Arfchot , Principes de Chimay , Marchiones de Molambais , Comites de Solre & de Rœux , aliófque nobiliffimos Toparchas in lucem edidit.

55. PHILIPPUS CARDINALIS DE LUXEMBOURG , Theobaldi Domini de Fiennes , & Philippæ Meloduneæ filius , ex Atrebatenfi Morinorum Præful proclamatur , auditâ morte Antonij de Croy , litteris Caroli VIII. Regis Capitulo commendatus. Deinde Cœnomanenfis Epifcopus , poft Theobaldum patrem Cardin. defignatum. Relatus etiam ab Alexan-

dro VI. in Cardinalium Collegium 1497. Legatus in Franciâ intereſt funeri Caroli VIII. 1498. celebrat exequias Annæ Reginæ 1513. & Claudiam coronat apud S. Dyoniſium 1517. Suffraganeum habuit in Diœceſi Morin. Ludovicum Epiſcopum Gebeldenſem vitâ functum 17. Februar. 1517. atque Audomaropoli in Odeo Fratrum Prædicatorum cujus Ordinis fuerat, tumulatum ; quem & ipſe tandem 2. Iulij 1519. ad fatum ſubſecutus eſt Cœnomani, annos natus 74. in Cathedrali juxtà patrem ſepultus. Teſtamenti tabulis duo inſtituit Gymnaſia, unum in Academiâ Pariſienſi, alterum in urbe Cœnomanicâ, vir ſtaturâ procerus, vitâ venerabilis, & de Eccleſiâ Morin. benè meritus.

56. FRANCISCUS DE MELUN, è vetuſtâ atque imprimis clarâ Vicecomitum Melodunæorum gente, cujus apud Gallos nobiliſſima eſt origo, & magna in Belgio dignitas, Ioannis Vicecomitis Gandavi, & Mariæ de Sarrebruche filius, primùm Præpoſitus Audomaropolitanus & Inſulenſis, inde ob dotes animi ad Atrebatenſem Cathedram aſcendit 1510. Philippo Cardin. poſt biennium ſuffectus in Morin. Epiſcopatu ; cujus regimen vix inierat, cùm Civitas Teruan. ab Anglis 24. Auguſti 1513. expugnatur, poſt conflictum ad Enguinegatam, ſimili Martis aleâ jam ab an. 1479. celebrem. Condonatum adhuc Cathedrali, & Canonicorum Ædibus, unà cum Sanctuarijs & Iocalibus pretioſis Eccleſiæ, curâ & labore Iacobi de Luxemburgo Domini de Fiennes, fratris Philippi, meritò inter præcipuos Benefactores à Capitulo aggregati. Poſt hanc belli procellam, Præſul muneri ſuo addictiſſimus, in multâ pace Diœceſim adminiſtravit. Bethuniæ 17. Maij 1517. ſacravit Cœnobium Virginum Annuntiatarum à Gentilibus ſuis Eliſabethâ Luxemburgiâ, & Franciſco Melodunæo Eſpinoij Comite ejus filio, Velleris aurei Equite, ac Flandriæ Coneſtabili, inſtauratum. Fundavit ipſe ſolemne Feſtum S. Franciſci in Eccleſiâ Morin. & Anniverſarium ſuum 22. Novemb. quâ occubuit an. 1518.

57. IOANNES CARDINALIS DE LORRAINE VI. Renato Duce Lotharingiæ, & Philippâ Gueldriæ Egmontianâ natus Barri 9. April. 1498. frater Claudij primi Guiſiæ Ducis, Epiſcopus Morin. nominatur 1518. & Metenſis, recentique beneficiorum acceſſione, Tullenſis, Albienſis, & Narbonenſis Adminiſtrator perpetuus, ex Indulto Apoſtolico Calend. Auguſti 1530. ità Franciſco I. Regi carus, ut aliquid petentem nunquàm repudiaret ; multis Comitijs pro Religione tuendâ in Germaniâ interfuit. Româ redeuntem mors repentina Niverni ſiſtit 10. Maij 1550. cadaver Nanceij apud Franciſcanos pompâ funebri reconditur. Ejus tempore, Guillelmus Epiſcopus Damaſcenus, ſuffraganeus Morin. erat, treſque ex hâc Diœceſi multiplicis ſcientiæ viri, renaſcentibus in Galliâ Litteris, facem præferebant, Iacobus Faber Stapulenſis, celeberrimus ſui ſæculi Philoſophus ; Bertinus le Comte in eodem agri Bolon. ad Oceanum oppido natus, Regius Linguarum Hebraïcarum, Pariſiis, poſt Vatablum, Profeſſor ; & Petrus Gallandius Arienſis, politioris Eloquentiæ Romanæ Profeſſor quoque Regius, ac reſtaurator Becodiani Collegij à Petro Domino de Boncour, Milite Teruan. pro hujuſce Diœceſis Studioſis, jam ab an. 1353. fundati.

58. FRANCISCUS DE CREQUY II. Ioanne Domino de Crequy & de Canaples, fratre Philippi Baronis de Bernieulles, Teruannæ Gubernatoris, & Ioſſinâ de Soiſſons, Principe de Poix, natus, patruus Antonij Cardinalis Ambianenſis Epiſcopi, ex Abbate S. Petri Selincurtis conſecratur Morin. Antiſtes 1535. biennio poſt vidit Vrbem ſuam obſidione cinctam, ſed pactis inter Franciſcum Regem & Carolum-Quintum Imperat. in Bomienſi arce inducijs 30. Iulij 1537. feliciter liberatam : anno verò 1544. Bononia, alterum Gentis Morin. caput, poſt bimeſtrem oppugnationem, Henrico VIII. Anglorum Regi ſubditur, direptis à victore auguſtiſſimi Templi ornamentis ad eam diem intactis, omnibuſque Sacris conculcatis. Pontificatum circiter 18. annis geſſit in hâc alternantium bellorum perturbatione, ſuffraganeo uſus eodem, quo deceſſor ejus, ſed & poſtmodùm Antonio Epiſcopo etiam Damaſceno. Dies clauſit, & ſeriem Antiſtitum Teruan. 28. Februar. 1552. juxtà antiquatam inchoandi anni rationem, Antonio de Crequy fratre ejus in ſucceſſorem quidem nominato, nedùm tamen confirmato, cùm 20. Iun. 1553. pervetuſta & inſignis Civitas Teruan. à Cæſariano exercitu expugnata fuit, totáque à fundamentis, unà cum celeberrimâ B. Virginis Cathedrali, cunctiſque munitionibus, everſa, & ſolo adæquata ; ſic ſupremo excidio Deleti Morini. Prædiorum illius Eccleſiæ portio una Francis, altera Belgis ceſſit ; ex portione Belgicâ dotati Epiſcopatus Yprenſis & Audomaropolitanus ; ex portione verò Gallicâ, dotatus Epiſcopatus Bolonienſis, quem melius & verius dixerim cum erudito Hadriano Valeſio in Notitiâ Galliarum, reſtitutum in veteri Sede, quàm novum ex Teruannæ ruinis tùm primùm conſtitutum Bononiæ in antiquo Regis Chriſtianiſſimi dominio, cui civitas etiam Morin. ſubjacebat. Bulla autem Erectionis à Pio V. Summo Pontifice, ita habet.

BVLLA ERECTIONIS

CATHEDRALIS ECCLESIÆ BOLONIENSIS.

PIVS Epiſcopus, ſervus ſervorum Dei, ad perpetuam rei memoriam. Divinæ Majeſtatis arbitrio ſuper univerſas orbis Eccleſias conſtituti, ex traditâ nobis Apoſtolicæ poteſtatis plenitudine, omnes in id mentis noſtræ conatus intendimus, ut fides Catholica, ſine quâ nemo ſalutis æternæ viam ingredi poteſt, etiam novorum [ubicumque uſus poſcit] Præſulum inſtitutio uſquequaque integra & illibata permaneat. Sed **ea** demùm ſollicitudo nos impenſiùs urget, cùm veteres huiuſcemodi Præſulum Sedes, hoſtilitate faciente, indignè jacere videntur, nec propriis in locis reparari poſſunt, ut in aliis accommodatioribus aliæ inde novæ (ſicut populorum ſalus & Catholicorum Regum devotio poſtulat) ſalubriter ordinentur, ac in eis Paſtores idonei deputentur, quorum operâ & vigiliis Chriſtiana religio in ſuo ſolido ſtatu valeat feliciter conſervari. Cùm igitur poſtquàm inter claræ memoriæ Henricum II. Francorum, ac chariſſimum in Chriſto filium noſtrum Philippum Catholicum Hiſpaniæ, Reges conventum fuerit, quod olim Civitas Morinenſis, priùs expugnata, & everſa, deinceps non reſtitueretur : ſed illius Eccleſia Cathedralis, atque Diœceſis vniverſa, necnon vtriuſque beneficia, proprietates, cenſus, decimæ, iuriſdictiones & iura omnia, in duas partes cum beneplacito Sedis Apoſtolicæ dividerentur : ut ſcilicet earum altera Franciæ, altera verò inferiori Germaniæ, futura eſſet ; fœlicis recordationis Pius Papa IV. Prædeceſſor noſter, eius rei cauſâ, ſuppreſſâ & extinctâ dictâ Morinenſi Eccleſiâ, prædictam partem inferiori Germaniæ deſignatam, partim Yprenſi, partim verò Audomarenſi, Eccleſiis Cathedralibus, earumque Civitatibus & Diœceſibus, iam in dictâ olim Diœceſi Morinenſi & parte inferioris Germaniæ prædictæ, eâdem autoritate inſtitutis, perpetuò aſſignaverit. Nos etiam chariſſimi in Chriſto filii noſtri Caroli Francorum Regis Chriſtianiſſimi precibus adducti, hoc inſigne opus ad Dei laudem & Eccleſiæ Catholicæ exaltationem abſolvere intendentes, habitâ ſuper his cum fratribus noſtris deliberatione maturâ, de illorum conſilio, Monaſterium Beatæ Mariæ Oppidi Bolonienſis, Ordinis ſancti Auguſtini, olim prædictæ Morinenſis Diœceſis, in quo ſeptem vel octo duntaxat Canonici degunt, per obitum quondam Ioannis, dum viveret, ipſius Monaſterij Abbatis, extra Romanam Curiam ante decennium defuncti, aut aliàs certo modo Abbatis regimine deſtitutum, & in eo nomen & titulum Abbatis, dignitatíſque Abbatialis, necnon omnia & ſingula, Prioratus, dignitates, officia, Canonicales portiones, & loca eiuſdem, ac tam in eodem, illiúſque Eccleſia, quàm etiam ab illo dependentibus Prioritatibus, cæteríſque beneficiis Eccleſiaſticis, ordinem, ſtatum, & eſſentiam regulares, remanentibus tamen in ipſo Monaſterio dictis ſeptem, vel octo Canonicis in ſuis habitu & regulâ, cum Canonicali portione quoad vixerint, ſeu donec ad alia huiuſmodi loca regularia ſponte ac canonicè transſierint, autoritate prædictâ, tenore preſentium perpetuò ſupprimimus & extinguimus, ac predictum Oppidum populóſum quippe & celebre, agro & annonâ fœcundum, commeatuque commodum, in Civitatem, Eccleſiam verò Monaſterii huiuſmodi, in Cathedralem, deinceps Boloniam nuncupandam, ſub invocatione eiuſdem Beatæ Mariæ, Archiepiſcopi Remenſis pro tempore exiſtentis ſuffraganeam futuram, & ſub concordatis olim inter Sedem Apoſtolicam predictam, & clare memorie Franciſcum I. Francorum Regem ſuper nominatione perſonarum certis tunc expreſſis modo & formâ qualificatarum, ad Eccleſias Cathedrales Regni Franciæ pro tempore vacantes, per Regem Franciæ pro tempore exiſtentem, Romano Pontifici faciendâ, initis comprehenſam, quemadmodum olim Eccleſia Morinenſis prædicta erat, Sedemque Epiſcopalem pro uno Epiſcopo per dictum Regem Franciæ eidem Pontifici ſeu Apoſtolicę Sedi, etiam hâc primâ vice & futuris deinceps temporibus, vigore ſeu pretextu dictorum Concordatorum nominando, qui illi præſit, & in perfectam Eccleſię Cathedralis formam ordinet & redigat : Abbates, Prelatos & cæteros ſuę Diœceſis ad Synodum convocet, evellat, deſtruat, plantet, erigat, ædificet, omniaque & ſingula officia & iura Epiſcopalia habeat & exerceat, cum ſuis Capitulo, Menſâ Epiſcopali, &

Capi-

Capitulari, cæterísque omnibus Cathedralibus & Pontificalibus insignibus, necnon iuribus, iurisdictionibus, privilegiis, exemptionibus, prærogativis, honoribus, gratiis, favoribus & indultis realibus, personalibus & mixtis, quibus aliæ illarum partium Ecclesiæ Cathedrales, earumque Præsules, Capitula, & personæ, quomodocumque utuntur, potiuntur & gaudent, ac uti, potiri & gaudere poterunt quomodolibet in futurum, auctoritate & tenore præfatis erigimus & instituimus, ipsíque Ecclesiæ sic erectæ, & illius Præsuli prædicto, Boloniam pro Civitate, & partem illam universam olim Diœcesis Morinensis, quæ in divisione prædictâ Franciæ evenit, cum Decanatibus, Parochialibus, & aliis Ecclesiis, ac etiam Monasteriis, Prioratibus & locis, cum suis personis sæcularibus & regularibus pro Diœcesi, necnon utriúsque cives & incolas Ecclesiasticos & Laïcos, pro Clero & populo perpetuò assignamus. Cæterùm, ut ipsa Ecclesia Boloniensis in reliquis suis omnibus partibus perfecta & absoluta sit, unum Decanatum, duos Archidiaconatus, unam Cantoriam, unam Thesaurariam, & unam Pœnitentiariam, Dignitates, septemdecim Canonicatus, & septemdecim Præbendas, necnon Capellanias, cæteráque omnia Beneficia, & Officia, quæ in dictâ olim Ecclesiâ Morinensi erant, & in ipsâ divisione, parti Franciæ, ac futuræ Cathedrali Ecclesiæ obtigerunt, eorúmque omnium personas ad dictam Ecclesiam Boloniensem transferimus, ac Episcopali Duacensem, & dimidiam Insulensem Præbendas Episcopales nuncupatas, ac tam illi quàm etiam Capitulari Mensis prædictis, necnon Fabricæ dictæ Ecclesiæ Boloniensis, omnia & singula prædia, proprietates, dominia, cens0s, feuda, emphiteotica, decimas & primitias, cæteráque bona, fructus, redditus, jurisdictiones, actiones & iura earum, singulis per eandem partitionem designata, ac etiam ad Abbatialem & Conventualem Mensas suppressi Monasterii hujusmodi pertinentia, videlicet quæ Abbatis, ea Episcopali : quæ verò Conventualis mensæ erant, ac etiam supressorum Beneficiorum, portionum & locorum hujusmodi, bona, fructus, iura & actiones, Capitulari, Mensis prædictis : Ita tamen ut dictis Canonicis Regularibus defunctis, vel inde translatis, ut præfertur, quatuor alij Canonicatus & Præbendæ in dictâ Ecclesiâ Boloniensi, ex ipsius Mensæ Conventualis proventibus, pro totidem Canonicis ipsius Ecclesiæ omninò instituantur, deterinina rúsque numerus unus & viginti Canonicatuum & Præbendarum esse debeat, uno tamen & una cæteris usibus, juxtà dictæ divisionis formam assignatis, in perpetuum applicamus, & appropriamus; necnon collationes, provisiones, præsentationes, & omnimodas alias dispositiones Prioratuum, Dignitatum, Personatuum, administrationum, officiorum Parochialium, & aliarum Ecclesiarum, necnon Capellarum, Capellaniarum perpetuarum, Hospitalium, cæterorúmque omnium & singulorum Beneficiorum Ecclesiasticorum, necnon præsentationes & electiones ad illa, confirmationes & institutiones in eis, jusque universum conferendi, prout in prædictâ divisione specificata, distributa & declarata sunt, ac etiam quondam Episcopi & Capituli, aliarum personarum olim Ecclesiæ Morinensis, fuerunt. Præterea, illa quæ quondam Abbatis & Conventûs suppressi Monasterij hujusmodi communiter vel divisim erant, Episcopo & Capitulo, ac universis personis Ecclesiæ Boloniensis hujusmodi videlicet, quæ olim Abbatis, deinceps Episcopi; quę verò Conventus extiterant, posthàc Capituli prędictorum esse debeant, etiam in perpetuum concedimus. Nulli ergò hominum liceat hanc paginam nostræ suppressionis, extinctionis, erectionis, institutionis, assignationis, translationis, applicationis, appropriationis & concessionis, infringere, vel ei ausu temerario contraïre. Si quis autem hoc attentare pręsumpserit, indignationem omnipotentis Dei, ac Beatorum Petri & Pauli Apostolorum eius, se noverit incursurum. DATUM Romę apud Sanctum Petrum, anno Incarnationis Dominicę 1566. quinto Nonas Martij, Pontificatus nostri anno secundo.

Hîc subjacere licet locuples Ioannis Salisberiensis de Milone II. Morin. Episcopo coœtaneo, Testimonium suo loco prętermissum : *Quòd S. Thomæ Cantuariensis exulantis, primus omnium, naufragium exceperit, exilíque socios paternè fovens, singulis bona sua communicaverit suprà vires, ita ut tota Cantuariensis, imò Anglorum Ecclesia fidem experta sit, & probatam jure æquissimo prædicet charitatem.*

ADNOTARE etiam lubet S. Caroli Monitum ad Ecclesias Cathedrales, ex Mediolanensi Concilio III. an. 1573. *Episcopus, id quod ab initio nascentis Ecclesiæ institutum fuit, ut rerum Episcopali studio curâque gestarum, monimenta existerent, conquiri diligentissimè curet, tùm singulorum Episcoporum, qui pracesserunt, nomina, genus, & Pastorales eorumdem actiones; qua omnia litteris consignari, ordineque conscripta, in librum certum referri curet, ut eorum Memoria conservetur.*

EPISCOPI BOLONIENSES

AB EXCIDIO TERUANNÆ.

1. CLAUDIUS ANDREAS DORMY Nepos Francisci Dormy, Matiscone oriundi, in supremo Galliarum Senatu Regis primùm Consiliarij, deinde Inquisitionum Præsidis, summis honoribus functi, novam Sedis Episcopalis in Ecclesiâ Boloniensi Erectionem, sive è Morino Translationem, suis stipendijs, ab Apostolicâ Sede impetravit 1566. multùm juvante patruo, principibus viris, ob eximias ingenij dotes, carissimo. In Episcopum anno sequenti inauguratus, sed ne Pastorale munus præsens obiret, impeditus, propter Cathedralis Basilicæ, tunc temporis, direptionem ab Hœreticis, & omnimodam penè ruinam; tandem ingressum jucundum habet 3. Aprilis 1570. insolitâ civium gratulatione exceptus, quos jam virtutum fama conciliaverat, & gaudium de restitutâ intrà muros Bolonienses Pontificiâ Sede, magnoperè commoverat. Orthodoxæ fidei tuendæ zelo incensus, frequentes in suo Palatio conventus contrà Novatores egit 1585. eorumque conatus in omnibus fregit. Comitijs Blesensibus Regni præsens 1588. à Thuano Præside, in historiâ sui temporis, celebratur inter præcipuos è sacro ordine, qui post Ducis Guisij cædem, diligenter investigati, nec inventi, quâ potuere, saluti consuluerunt. In hoc maximè enituit illius ergà Diœcesanos amor, & publicæ rei studium, quòd anno 1595. trium millium nongentarum librarum summam, Boloniensium nomine, Marescallo Bullionio apud Monsterolium tunc degenti, & exercitum ducenti, de suo ære, numerari fecerit. Mortalitatis debitum Boloniæ solvit 15. Februar. 1599. depositus die 19. ejusdem mensis, in medio Chori Cathed. Ecclesiæ, ubi duos solemnes Obitus instituit.

2. CLAUDIUS DORMY Francisci jam memorati Inquisitionum Præsidis filius, Doctor Iuris sacri, Prior Regalis Cœnobij S. Martini de Campis Parisiensis, & Vicarius Generalis Claudij à Guisiâ Abbatis Cluniacensis, promovetur ad Episcopatum Bolon. provisus à Clemente VIII. 26. Iun. 1600. sacraturque in suâ S. Martini Ecclesiâ 13. Augusti. à Leonardo de Trappes Archiepiscopo Auscitano, assistentibus Renato Potier Bellovacensi, & Carolo Balzac Noviomensi, Episcopis. Capucinos, procurante Bernardino Gouffier de Thois, ejusdem Ordinis Concionatore, Boloniæ benignè suscepit 1618. primúmque lapidem in Ecclesiæ fundamentis solemniter posuit 22. Iul. anni sequentis. Moniales etiam S. Vrsulæ, ad meliorem puellarum institutionem, admisit 1624. Parisijs aquâ intercute extinguitur 30. Novemb. 1626. funeratus apud Dominicanos S. Iacobi, in Gentilitio Dormiorum dormitorio, ubi sub effigie ad vivum expressâ, marmoreæ Tabulæ hoc Epitaphium prostat. ADSTA paululùm Viator, & clarissimos Manes adverte. Cubat hîc Claudius Dormy dignissimus Morin. Episcopus, quem nusquàm gregi suo indormientem, curis tandem fessum, tertius suprà sexagesimum annus, rebus humanis exemptum, cœlo ad meliorem vitam locavit. Mortales exuvias frater major natu Carolus Franciscus Dormy, Regi ab epistolis, communis parentis unde sexagesimo ante anno defuncti, cineri apponendas, Gentilitio monumento curavit: obijt pridie Calend. Decembr. 1626.

3. VICTOR BOUTHILLIER frater Claudij Quatuorviri Regijs epistolis ac diplomatibus scribendis, Ærarij Franciæ Præfecti, & Torquatorum Equitum Thesaurarij, necnon Sebastiani Adurensis Episcopi, filius Dyonisij Comitis Consistoriani, & Claudiæ Franciscæ Machecop, ex Canonico Parisiensi Episcopus Bolon. inauguratur 9. Aprilis 1628. in Basilicâ Carmelitanarum Virginum Suburbij S. Iacobi, à Ioan. Franc. Gondio Archiepiscopo Paris. assistentibus Claudio Gelas Aginnensi, & Nicolao Sanguin Sylvanectensi, Episcopis. Vrbem solemniter ingreditur die Dominicâ 13. Augusti ejusdem anni, comitantibus Duce Elbœio Provinciæ Gubernatore, ac multis Nobilibus; statimque accingitur ad Synodum Boloniæ 17. Octob. celebrandam. Ædes sacras per suam Diœcesim bellorum injuriâ passim dirutas in Artesij ac Galliæ finibus, rursùm excitari curavit, & Ecclesiæ Cathedrali quædam ornamenta, pro solemniori altaris officio, liberaliter impertivit. Tùm Collegium Bolon. Oratorij Sacerdotibus, in S. Wlmari Abbatiâ, cujus erat commendatarius, 16. Iulij 1629. stabilitur, iisque annuos proventus ordinavit, instituendæ Litteris juventuti. Franciscanis Sanctimonialibus etiam Boloniæ, regulam

strictiorem Annuntiatarum Bituricensium 4. Februar. 1637. præscripsit. Cùm autem B. Virginis Bolon. Imago miraculis inclyta, grassante bello Hœreticorum, fuisset deperdita, iterùm reperta, suo loco restituitur in Cathedrali à Victore, 30. Martij 1630. & eodem cultu, quo à multis sæculis claruerat, condecorata est, signis plurimis ad Divæ aram paulò post patratis. Bertrandi d'Eschaux in Archiepiscopatu Turonensi nominatus Adjutor 12. Decemb. 1630. non semel à Rege in varias Regni partes, maximè in Picardiam, rerum gerendarum prudentiâ præstans, delegatus est, ut dissidia exorta componeret, & bono publico consuleret. Metropolis Turonensis possessionem adeptus 21. Maij 1641. in eâ plenus gloriâ & diebus, somnum mortis excepit, & quiescit 12. Septemb. 1670. ætatis 74.

4. IOANNES DOLCE Bertrandi d'Eschaux Benearnensis, ex gente Vicecomitum de Baigorry, Archiepiscopi Turon. nobilissimi Regiorum Ordinum Præfecti, & primi per 35. annos Ludovici XIII. Eleemosynarij, ex sorore nepos, ab ipso Præsul Bolon. consecratur, adstantibus Leonorio Destampes de Valençay Carnotensi, & Claudio de Rueil Andegavensi, Episcopis. Possessionem inijt 1. Martij 1633. Capucinorum Ædes sacras 29. Maij 1635. dedicat in inferiori Boloniâ, ubi & Minimos admittit 25. Aprilis 1642. primámque in eorum Hospitio missam celebrat 24. Iunij, Ecclesiâ nondùm ædificatâ, & ad annum tantummodò 1658. à Successore Episcopo 12. Maij solemniter inauguratâ. Interfuerat cœtui Cleri Gallicani Meduntæ ad Sequanam 1641. nominaturque ad Cathedram Agathensem à Ludovico XIV. an. 1643. cujus nondùm adeptus possessionem, permutationis causâ cessit Francisco Foucquet pro Baïonensi, quam & Bertrandus avunculus per 25. annos tenuerat. In eâ patriæ Sede, hoc Ioannes habuit incrementum seu culmen honoris, ut inter Regem Ludovicum Magnum, & Mariam Theresiam Austriacam, Nuptias sacro ritu celebraverit in S. Ioannis Luuiij fano, die 9. Iunij 1660. Senio in fata concedit, & in Ecclesiâ suâ sepulturæ mandatur mense Aprili 1681.

5. FRANCISCUS PERROCHEL Parisijs ortus 18. Octob. 1602. Carolo patre magno Franciæ Audientiario, & Mariâ de Gibercour, ob perspectam meritorum præstantiam, & impensos magno cùm fructu labores, in Missionibus Apostolicis præcipuè S. Germani Suburbij Parisiensis, & ad Hœreticos Sedani, ex Abbate S. Crispini Suessionensis, renuntiatur Episcopus Bolon. à Ludovico XIV. adhuc impubere 9. Iun. 1643. Bullasque ab Vrbano VIII. obtinet 6. Februar. 1644. Lutetiæ consecratus in Ecclesiâ S. Lazari, die Dominicâ Trinitatis 11. Iun. 1645. à Franc. Paulo Gondio Archiepiscopo Corinthio & Coadjutore Parisiensi, Sacro operam navantibus Fœlice Vialar Catalaunensi, & Francisco Foucquet Agathensi, Episcopis ; solemnem ingressum celebrat 6. Augusti ejusdem anni. Quo sedente, idem Rex Ludovicus, ex debito suo, parentísque sui cognominis, duodecim millia librarum Cathedrali Bolon. persolvit, pro hominio Comitatûs Bolon. instante potissimùm, & patrocinante Antonio d'Aumont Franciæ Marescallo, Vrbis hujus, Comitatûsque, dein & Parisiorum Prorege, insigni Ecclesiæ Bolon. Benefactore, natalibus, bellóque fortiter gestis clarissimo. Pius autem Antistes totus in his, quæ Pastorem optimum decent, verbo & exemplo Ecclesiam sibi traditam per 32. annos moderatus est, in pauperes munificus, Missarum solemnijs quotidie ad primarium Cathedralis altare celebrandis assiduus ; in peragrandâ pedibus universâ propemodùm Diœcesi indefessus, sacris concionibus, tùm ad Clerum, tùm ad populum, vehemens ac disertus ; ad omnium confessiones quovis tempore excipiendas paratus, & charitate ardens ; laborum ubique & corporis afflictationum tolerantissimus ; isque, & quot virtutis munia sunt, tot nominibus in cunctâ Galliâ notus, facie vix ulli, præterquàm Diœcesanis ; Rhutenensem Ecclesiam sibi à Rege oblatam renuit, ut dudùm desponsatæ, perennem illibatamque perfectæ fidei, ac devotissimi obsequij constantiam præstaret. Provectâ demùm ætate gravis, onere Pastorali deposito, tranquillioris vitæ cupidus, in Domum Boloniæ inferioris, quinquennio ante mortem, secessit, ubi cœlo maturus, ab hominibus demigravit 8. Aprilis 1682. in Ecclesiâ Cathedrali, infimo loco, quem sibi, præ foribus Cœmeterij, in tumulum elegerat, conditus ; Relictis Ædibus ad instaurationem Seminarij, & proventibus nonnullis ad Missionum in Diœcesi, sive excursionum sacrarum, institutionem.

6. NICOLAUS LAVOCAT BILLIAD Lutetiæ natus 25. Martij 1620. parentibus Ludovico in supremâ Rationum Curiâ Tribuno, & Magdalenâ Billiad filiâ Caroli Inquisitionum Præsidis, ac Ioannæ de Fortiâ, Avum habuit è sacro Fonte in Ecclesiâ S. Pauli Susceptorem,

Nicolaum Lavocat Magni Confilij Senatorem & Decanum, denique Regi à Sanctioribus Confilijs. Nobiliffimæ Familiæ primogenitus , bonis litteris fedulò , ab ineunte ætatis vere , inftructus, & in Academiæ Parifienfis paleftrâ, cùm maximâ laude, verfatus, primam Doctoris Sorbonici Laureâm, necdùm Sacerdos, adipifcitur. Metropolitanæ Ecclefiæ Canonicatu, poft Francifcum Lavocat patruum, B. Mariæ de Humblerijs Abbatem, anno 1646. infignitus, Cardinali Gondio de Rets Archiepifcopo , cujus per plures annos Vicarius Generalis , partes egregiè fuftinuit, in primis carus, ejus omnium arcanorum particeps, laborum focius, & itinerum ad Romanam Vrbem comes , Epifcopus Bolonienfis nominatur 11. Martij 1675. per ceffionem Francifci Perrochel ; Bulláfque gratuitò ab Innocentio XI. accipit 8. Februar. 1676. facro tinctus oleo in Æde Monialium de Calvariâ Suburbii S. Germani, à Francifco de Harlay Archiepifc. Parifienfi, adftantibus Claudio Francifco de Lomenie de Brienne Conftantienfi, & Guidone de Seve de Rochechoüart Atrebatenfi, Epifcopis , 30. Maij 1677. Feftivâ Boloniæ accipitur pompâ 27. Augufti ejufdem anni. Ecclefiafticæ difciplinæ, & finceræ pietatis retinentiffimus, Synodos celebravit 12. Iulij 1678. 17. & 22. Maij 1679. & 1680. in quibus inter plurima peritè prudenterque fancita, in Diœcefi Congregationes Menftruas inftituit, ut de rebus, quæ ad fcientiam, aut vitæ rationem pertinent, inter fe Parochi convenirent. Sacerdotes & ftudiofos liberaliffimè fovens , omnibus ipfe quibus accepta erat virtus & eruditio, venerandus, Diœcefim penè totam intra biennium luftravit, & omnia quæ ad proximam Seminarij in vrbe Epifcopali inftaurationem requirebantur , difpofuit, ac etiam de fuo promovit. Sanctiffimæ Dei Genitricis obfequio religiosè addictus, cuius fe ftrenuum defenforem *Vindicijs Parthenicis* de eius corporeâ in cœlum Affumptione, adhuc Canonicus Parifienfis, præftiterat, eiufdem cultûs ampliandi ftudio , Stationes folemnes ab univerfo Clero ante Imaginem B. Virginis Bolon. omnibus pervilegiis Feftorum eius , & primarum Dominicarum , ordinavit. Tandem morbo diuturno Boloniæ confumptus, 11. Aprilis 1681. devixit, ætatis 61. legatis Capitulo centum libris annui proventus, pro celebriori ac perpetuo Anniverfario, in Ecclefiâ Marianâ humatus iuxta Cathedram Pontificiam , cui appofita è nigro marmore fepulcralis Tabula per Francifcum de Chaliveau, Abbatem S. Ioannis in Monte , fororis filium. .

7. **Claudius le Tonnelier de Breteüil** ex nobili Bretoliorum ftirpe apud Parifios ampliffimâ, quot avos habuit, tot Senatûs Patres confcriptos , Regiorum Sigillorum Cuftodes, Provinciarum Præfectos Infulatos, Ordinis S. Ioannis in Ierofolymis Equites , in caftris, mari, terrâque Duces ; Parifijs natus eft, patre Ludovico jam Senatore, qui mox Libellorum Supplicum Magifter, Provincijs Occitaniâ, Catalauniâ, Rufcinenfi, regendis à Rege miffus in difficillimis temporibus, ità fe geffit per octo annos, ut, fedatis tempeftatibus, redditus fuis, Infulæ Franciæ adminiftrandæ præfectus fit ; unde gratior & acceptior factus Principi, regendarum pecuniarum, & Ærarij moderandi Minifter dignus per quatuordecim annos fit judicatus ; diefque plenos & felices in Confiliis Sanctioribus duxit, feptem filiis de Rege & Republicâ benè meritis, felicior. Ipfe Claudius, de feptem filiis, ex Mariâ Chriftianâ le Court, natu quintus, Avorum fparfas & divifas in fingulis virtutes , ingenii laude , dicendi facundiâ , & morum fuavitate, omnes in fe uno, à primo iuventutis flore, expreffit. Doctoris Sorbonici gradu exornatus 1681. Infulâ Bolonienfi , eodem anno, donatur à Ludovico Magno ; Bulláfque Calend. Decemb. ab Innocentio XI. affecutus, Lutetiæ in Ecclefiâ Minimorum Plateæ Regiæ, confecratur 2. Februar. 1682. à Carolo Mauritio le Tellier Archiepifcopo Remenfi, affiftentibus Antonio de Noailles Catalaunenfi , & Ioanne d'Eftrées Laudunenfi , Epifcopis. Ad Cathedralem folemniter acceffit 18. Martii, omnium plaufu receptus. Initio Pontificatûs, Seminarium Bolonienfe pofuit, ad exactam Clericorum, cùm in fcientiâ , tùm in pietate, per Sacerdotes Congregationis S. Lazari , probationem. Comitiis Cleri generalibus anni 1685. interfuit in Caftro novo Sangermani. Ovium fuarum falutis follicitus , vindicandis ab Hœrefi Ghifnenfis Comitatûs , & aliis Ardeæ finitimis populis , multum laboris ac impenfæ dedit 1683. iteratifque Miffionibus, in quibus cæteris præluxit ad opus, feipfum verbo, converfatione , charitate, Caleti & Ghifnis fuperimpendit 1685. & 1687. Pleraque Pontificii Palatii ædificia reftituit ; eáque, ad fuam ac Succefforum commoditatem, non mediocriter amplificavit, hortis, fontibus, aliifque ornamentis elegantibus decoravit.